25歲，我不在家

靈鷲山文化出版

在家·出家·皆自在

梁翠梅 博士

　　人怎麼感知風的在？因著葉子在舞動；
　　　人怎麼感知舞的在？因著自在；
　　　　因著自在，我們相遇且相印。

親愛的師父，不管出家在家，你們每一位都是我親愛的師父！
當你翻開這本書的時候，我們正在相遇。
這是一本故事書。故事裡，有你，有我。故事外，無常、無我、涅
槃寂靜。
這本書有很多人的慈悲。書的過程與書的內容一樣重要。

　　本書採用描寫、引述、不凸顯「第一人稱觀點」的寫作手法，是
一種謙虛、智慧、貼近無我的態度。一個有效能的訪談員與紀錄
者，固然貴在無我、貴在如實，採訪者堪稱如法地扮演了傳真與轉
播的角色。

　　身爲撰稿人，從選題到呈現方式，都透露出生命的智慧與光輝，盡力地悃懇地貼近紀錄者的角色，提供自我如攝影鏡頭，運鏡於生命的道場，時而遠時而近，忽而外忽而內，涵斂自我於鏡頭之後，雖然，鏡頭伸出的方向表徵了紀錄者的視角，入鏡的內涵多少也透露了紀錄者的價值與意向、不免還有一個幽微的「我」在幕後作用。但基本上這個「我」，已盡量工具化、供做外境投射的一道銀幕而已。

　　再看身爲受訪者的十七位法師，也如其所是地扮演了現身說法見證者的角色。所以這本書的完成，可以說是一次美好的合作，也是一次磁性共念的顯相。受訪者如是地提供著自己、訪問者如是地紀錄與描述、作序的人如是導覽與呈現心得，讀者諸君呢？若也能如是觀看，則這本書也算功德圓滿了。

　　對於安在當下的出家師父而言，談過去，是一件爲難的事，他們「物來則應，過去不留。」所以能聽得到「故」事，料應出自法師們慈悲喜捨的心腸，願以那些個逝去的「我」爲法器，「獻身」說法。自書中披露喜、怒、哀、樂、愛、惡、欲，悲、慌、驚、恐、貪、瞋、癡…種種心情故事，我們看到一個個沒有打馬賽克毫不假掩飾的尋道者蛻化過程的原貌。

受訪的十七位師父回首來時路，開放當年出家的心路歷程——或「行到水窮處」之懸疑難決，或「坐看雲起時」之茅塞頓開，原本只能點滴在心頭的滋味，經過法師的細細分說與採訪者的妙筆撰述，遂躍然紙面，直印心田。對考慮出家的信眾而言，本書誠然具有心靈地圖與路標導航之妙用；而對於想瞭解出家動機或對出家有所誤解的讀者，本書則可以澄清與回答許多謬論與迷惑。

　　書中所述法師們的出家故事，則則引人入勝、讀來津津有味。尤其是引述心道導師隨機逗教的精采片段，十分有趣。包括上師「開罵」時的生脫活潑、以及法師們「挨罵」過程中，內在豐富、複雜的反應，對我啓示最多。我喜歡看上師怎麼罵人，我也喜歡看法師們如何反應，平常修行，都看此時。如果還有個幽微善藏的「我」，此時恐怕就「一屁打過江」。我發現上師和法師們當眞都是「活」人！罵與被罵間，都呈現法。

　　我想上師知道他是法，如是現；弟子知道上師是法，如是見、如是受。曾聞，上師有大智慧，至爲慈悲，弘法行的是善巧方便，不會對在家信眾發脾氣，尤其對老菩薩更是禮敬有加，能受上師一罵的，只有早期的出家弟子才得親炙。所以若得這麼一個眞情至性的師父來磨慢心、革習氣，眞的很有福報。同時，我肯定僧團那種打也打不走、罵也罵不跑的一體法情。明白可見，師徒互動中，自度

度人，自在共在。

　　另外印象深刻的是，師父們行的是菩薩道，道在日用生活間；不侈談心性、不空轉法輪；老實實修——「工作即修行，生活即福田。」實實在在地以出世精神做淑世志業；尤其是在促進世界各大宗教相互溝通、相互接納與學習的這項志業上，更充分彰顯了佛陀的眼界與心量、慈悲與智慧。無緣大慈，同體大悲。無差別相、一體同觀。書中記述了眾法師等人開創的艱辛過程，讓我由衷感佩師父們不是修別的，真的在修「行」！

　　我這半生也動過兩次出家念頭，一次是在博士班唸書時期，一次是婚姻結束後。兩次想出離的原因都不是因為生活的苦，實在是因為法太甘甜。直到今天，我都不排斥因緣具足能出家，並常在心裡默默祝福一對兒女此生得有出家的因緣，短期也好。

　　兩個孩子曾跟我進出禪寺茹素禪坐一段時間，長女達圓更因為一路都有善知識引領，受恩最多。由於唸的是電影系，她的得法方式遂有所不同，喜以快轉人生的生老病死，體驗生命況味。對於滾滾紅塵裡種種虛擬與真實，也比常人敏覺與勇於進出；譬如二〇〇三聖誕前夕「實驗」仰藥自盡。記得我們母女在醫院共度的那個聖誕夜晚，遠方傳來教堂的聲聲鐘響，有一種恍若隔世的感覺；不知莊

周在蝶的夢裡，還是蝶飛在莊周夢中？！我依稀知道這個夢勢必終將醒來。

這是我從小至今一直重複出現的渴盼 ——想從現處的夢裡，醒來。「一切有爲法，如夢幻泡影，如露亦如電，應做如是觀。」我對生死，也願如是觀。不只對子女，我對眾生，也有深深的摯愛與放心。願意無條件地愛，如其所是的愛。願意從容相伴，不急著開始，也不急著結束。我清楚知道，圓的終點沒有辦法不回到它自己的源頭。

兒子達凱則與我先接受過基督教的浸禮，所以我們除了佛經也讀聖經，我們母子三人對於宗教都很開放。包括後來陸續接觸到的摩門教、一貫道、南傳與藏傳的方外之交、乃至新時代奧修、克里辛那穆提等人的教誨，我們都開放的接受，我們的路徑，常常是狂熱的投入，然後率性地停在想停的時候。三個人的步調不一，但都有相近的心得：一切宗教都以不同的語言指向同一個真理。

這幾年更領會到 ——不只宗教、每個存在都在說法、也都是法。雖然達圓、達凱是我的兒女，但也是我的師父，此生他們教會我極多，特別是愛與放下。愛與放下，加起來就是慈悲，果然養兒育女好修行。他們真是教導我慈悲的生命導師。後來，我又分別結識了

阿聰與尉遲等知交，得以相印法與非法，更肯定法住法界，處處在在皆是法。

　　這大概就是我沒有出家的藉口。我覺得處處是道場。人人是師父。道在日用生活間。與心道上師對弟子的教誨並無二致。另外，我沒有出家的原因還包括：不想出離了這個家，又進了另一個家（枷）。我不會走進一個不准走出的門裡，只有可以自由出入的房間，我才會走進去。

　　其實我的世界，好像也未曾有過不能走出或跳脫的困境。因為「困」無常、「境」無常，所以一生中並沒有任何過不去的，一切都是過程，一切也都會過去。就像婚姻的結束，雖然曾經讓我哀傷，但哀傷過去，終化為感恩。我的前夫是個入世極深的好人，只是我們心靈一直無法相通，各有所務，便各奔前程。不變的是，始終的祝福，永遠的感恩。婚姻的結束，讓我有近似出家的心情。起初覺得沒有家了，後來發現處處是家。

　　因為我的角色是個行旅天涯的諮商師，醒著的時間有一半都在各地開案講課，對一個常常在外面跑的人，我不只一次追問自己，家在哪裡？「家在腳底下。」答案總是這樣定定地浮上心田。走到那裡，那裡就是家。既是在家也是出家。

由於職業的關係，來找我的多半都是身陷迷津的困境中人。紅塵的故事聽多了，看盡「千江有水千江月」，只有勉力學著「處處祈求處處應」。只是學院的訓練並不夠用，世間法通常解決了這個問題的同時，往往也製造了另一個問題；這個夢醒來，那個夢進去。都是有漏智，都不夠究竟。

　　過去不懂，常常半夜醒來，心裡兩桶水倒來倒去(色即是空，空即是色)，庸人自擾。像好萊塢電影「楚門的世界」，我被「我」所困，我跳脫不出「我」。現在年近半百，漸漸學著不多想，不多說。直心而爲便是了。從看事相、到見理相、以致見法，數十年可以化於當下，無時無境。心道導師說的「工作即修行，生活即福田。」正是我現在例行的。在專注的行動中，照見那恆在的如如不動。無學、無修、無爲。直心行去便是了！

　　透過這本書，得見十七位法師，作爲十七種法器，以十七種劇情說法，法歸不二。我從中學習到很多。師父們開放的胸襟，啓示了每一個人都可以如實、如是、不評價、不期待地作爲自己、提供自己。而整個僧團、整個存在，都是宇宙相互效力的天成生態，因緣和合、相應相成。如能不惕不求、不迎不拒，活著其實是件簡單的事。隨順自然之道，同時照見——道亦映於我之內，不卑不亢，法法相印，便是此生極樂至妙的事了！我很感恩這裡出現的眾多因

緣。我相信，這本書會成為好的種籽，在每一個願意開放的心田裡開花。

　　法住法界，處處在在都是法，都可以見法。你我若不自外於自然、不自外於道、不自外於師父、也不自外於法，便見至性裡的圓融具足，回歸不二了。所以，親愛的師父，我們互為親愛的師父，謝謝我們的存在，祝福我們的存在。願我們心心相印！

翠梅於弘光科技大學通識教育中心2005端午前夕

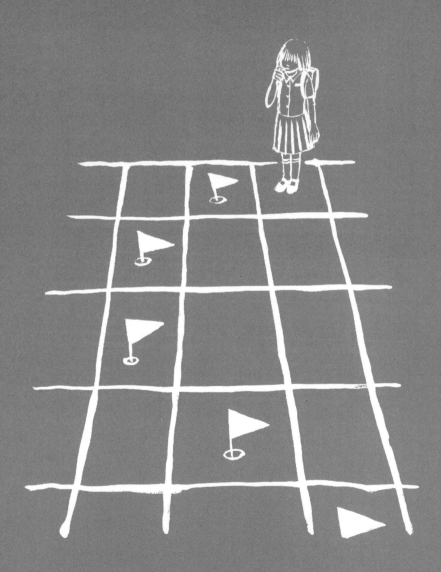

無敵神通

為了愛與和平地球家的實現，
我們必須這樣走下去。
——法性師

　　民國六十九年，當時我剛卸下淡江大學佛學社社長的職務，聽聞宜蘭有一個「放光和尚」，曾有兩次，我搭著計程車順著龍潭湖邊找尋「放光和尚」，不一樣的時間、不一樣的車，我卻被帶到同一個人的面前，那個人就是我的上師——心道法師。

　　因為一心供養老和尚的因緣，讓我皈依師父，並隨師父出家。

供養

　　當年就讀大學時嘗試著當英文家教，當我領到生平第一份薪水——兩千五百元！我喜孜孜地捧著薪俸，想著不知該如何使用，隨即靈光一閃，可以供養宜蘭的放光老和尚啊！放光老和尚就是常照法師，由於修持時身體會放毫光，宜蘭當地的人們都尊稱他「放

光和尚」。心念既定，我便撥了通電話給朋友，邀她陪我一同前往。

　　來到宜蘭我逢人就打聽常照法師掛單的地方，聽說是在龍潭，我招了部計程車便往龍潭的方向出發。計程車載著我和同學來到一處荒僻的地方要我們下車。

　　司機說：「到了。」

　　我說：「不是這裡，我要找的是放光和尚。」

　　沒想到司機說：「不要只供養老的（常照法師），小的（心道法師當時尚年輕）也要照顧才對！」

　　我想想有道理！便將供養分作兩份，一份供養常照老和尚，一份供養心道法師。

　　之後只要有機會我便帶領著學弟妹們一同去探望心道法師，每一回大家總是七嘴八舌地向法師請教自己的過去生，而法師也都笑著一一回答。

　　「我修行的方向，應該修禪或學密？」我將困擾多時的疑問提出，向心道法師請益。

「妳下次來，我再告訴你！」心道法師氣定神閒地說著。

因為向法師請益的問題未得到答案，我們當晚便留宿「如幻山房」與法師暢談到深夜。

「你想得到哪一種成就？」法師開門見山地問。

「五彩繽紛！成就如密宗祖師般的神通廣大，學佛要達到這樣的境界，才不虛此行！」我意氣風發侃侃而談。

「一個人，就算擁有無敵的神通，如果心不通達，即使到了阿彌陀佛的淨土，也照樣煩惱；如果心通達，不管是到了那裡一樣神通廣大！」心道法師炯炯的雙眼凝視著我：「一顆通達的心，就是真正的神通廣大。你還是學禪吧！從內心的通達下手。」

「學禪好苦！」我半抗議、半抱怨地說。

幾經掙扎、思之再三，終於我同意法師的見解，順從了他的安排。

「好，我下趟來皈依！」臨走前，我對法師做出了我的承諾。

第三度踏上「如幻山房」，清晨五點左右，天微亮，我懷著恭敬

帶著珍藏多年的密宗法本，供養上師，師父就靜坐在墓地裡，為我與另一位朋友舉行皈依儀式，在曙光中，師父分別為我們賜名法性、法光。

皈依三寶，是無上莊嚴的儀式，為何選在陰森寂寞的墓地舉行？

師父似乎猜透我的心思緩緩地說：「墳場是人世間最寂靜的地方，修道是證涅槃寂靜，任何事物不離寂滅相，色畢竟是空，墳塚是修行的根本所在。」

接著，師父便傳授我們正確的禪修理念、默照方法與收攝心神的觀照法門。

畢業之後待在城市裡工作，每天搭車、走路…看著形形色色的人，我依循著師父所教授的法門，觀照人世間的虛虛實實，心中非常篤定自己追尋的目標，是要過簡單日子。我要找的老師是可以引領我，真正讓我學習到智慧的老師；我要找的老師是要能夠保障我在學習之後，可以利益眾生的老師。師父是一個非常慈悲又具有智慧的人，師父的慈悲是令無形的眾生也都折服的，心道師父，他，正是我要找的老師。

出家

七十年六月六日，我正式出家，跟隨師父，終日在塚間坐禪。

　　師父對弟子的訓練非常注重獨立性，早期只要有戒會的舉辦，師父就會要我「包袱款款」就一個人坐火車去受戒，出家後我前前後後受了三次「三壇大戒」。第一次受戒回來，我的缽就破了，感覺上那個缽像蛋殼一樣薄，我覺得是自己沒有把佛陀的飯碗給捧好，師父要我再受戒，我就再去受戒。第三次受戒，是我自己發願的，因為當年是廣欽老和尚最後一次主持戒壇，我覺得因緣難得地殊勝，向師父請示，便去受戒。比較特別的是，老和尚當時晁了我，便告訴我一段話，大意是說，我今生會開悟，我聽了老和尚的話，心裡有莫大的安定感。

　　七十一年，我們從龍潭來到靈鷲山，當時師父正在斷食閉關，為了尋找一處合適的閉關處，我們煞費苦心，因緣也很奇特，我們從龍潭一路輾轉來到靈鷲山，找到了現在的「法華洞」，這是山上最早的建築。最早法華洞僅是一個懸崖峭壁，要走到山洞必須從上面的「鳥嘴石」縋下去，像猴子一樣抓住雜草往下慢慢縋到山洞口。其實法華洞若要說是一個山洞實在非常勉強，它充其量不過是一個岩壁而已，入口處就是現在門的地方，只是被一些土封住而已，我們把泥土挖開後才發現有一個天然的石室在裡面。

　　剛開始這個山洞是師父自己一個人蓋的，因為師父當時正斷食閉關，每天要搬那些石頭，這對師父的身體是最艱苦的一段考驗。後來，悟性師特別從北投請一個打石師傅幫著師父把山洞整理好。現在洞裡的兩個石床，是後來才弄上去的。

　　法華洞整理好之後，師父每天都在山洞裡打坐，當時山上最安靜。山上到處都是蛇，有時候我在睡覺，蛇就盤在鐵窗的欄杆上看著我。所以我知道山上有那幾類蛇，很奇怪，那個時候都不覺得害怕，感覺牠們就是這裡的一份子。因為沒什麼人煙，牠們就是你的鄰居，因此對牠們還有一份感情。這些蛇也會修行，有時候看他們一盤就是五、六天不動，不會侵犯你，也會熟悉你所經過的路線。白天，師父在洞裡面打坐，我們也在外面打坐，過著山中無甲子的生活。每天看太陽昇起、太陽下山，而且不用洗澡，每天下午一陣風吹過來就把你早上流的汗給烘乾了。

蓋在天空的寺院

下半年，小殿開始興建，我跟師父也開始募款，生活顯得比較忙碌一些。

當時蓋小殿，就宛若在搭建一座懸空的寺院，我們以鳥嘴石為地基從空中架上木頭，就這樣蓋起來，小殿是依照福隆當地村落傳統的石頭結構蓋法，所以，實際上有三分之二的地面都是用石頭，我們找出石楯當基底，再依照山的基本結構，堆砌然後填土，而隙縫就以糯米為接著劑，這樣的建築比鋼筋還要穩固，土師傅搭的建築屹立至今，連半滴水也不漏。

師父每天看著這麼一個有靈氣的環境，他深信這裡必定是造就出家人材，弘揚正法的地方，不管多麼辛苦，大殿一定要蓋起來。師父是一個跟大自然生活在一起的人，大殿當然也使用靈鷲山天然的大石壺，將大石壺敲成石板慢慢地建造起來。對於奇形怪狀的石頭，大家也都很有共識的保存下來，希望能跟山林大海成為一體。

現在大殿門口兩米的地方，原地是許多鳥嘴石，大約三、四處左右，當地村落的師傅對天然山形很瞭解，根據天然的造型，以它為基砥，搭建起來，上層的紅泥土與水泥只是稍稍覆蓋住而已。雖然我們蓋小殿、大殿都是就地取材，但蓋大殿的四、五十萬花費對我們來說是一筆非常龐大的數字。

有一次，建造工人吱吱唔唔的來跟我説：「是不是可以先撥一些工錢給我們，一點點就好，我們拿些錢回家養老婆、小孩。」

我聽了之後，連忙對工人説沒有問題。

但是，當我打開道場的存款薄時，才發現沒錢了。整晚翻來覆去，根本睡不著。

第二天早上，我照常起床敲鐘，一面敲，一面掉眼淚。這件事後來是道明師説給了師父知道，師父立刻下山去先募了一些善款回來應急。而當時師父還在斷食閉關當中。

山上的工程繼續緩慢的進行，而山上也漸漸地有了第一批護持的信眾，當時大家上山時都會從山下提一桶沙上山，每個人都自動自發地當起了搬運工人。民國七十三年的某一天，我們收到縣政府的公文，説是隔天要來拆房子，就在同一天廠商要來收十萬元的沙石款。十萬元對山上來説真的很大，山上實在沒有那麼多現金可以支付。當天我們每個人都覺得很沮喪，尤其是我，真的很洩氣。

我跟師父説：「房子都要拆了，還請什麼款？」

師父不急不徐地回答我：「你為什麼這麼擔心呢？你看，我們的身體不就像是這建築物一樣，隨時都有可能被拆，這就是無常！心

不要安住在無常上，那麼，不管今天或明天，不管事情會如何發展，每天都是平安的好日子。」

師父還說：「每一天，我們都要時時反省自己的過失，並將過失轉化，昇華成愛心與慈悲胸懷，要經常讓自己離開自私的念頭，要成就每一個接觸我們的人，幫助他們熄滅怨、憎、恨。也就是轉化自己的想法，隨時保持好心情，過好日子、好生活，這就是禪的生活。」

聽到師父這樣說，我的心頓時感覺到清涼，面對人世間的成、住、壞、空，若心不在空性裡，每天都沒有好日子過了。

蓋大殿的過程中，除了經費之外，最艱鉅的工程就是山上的巨岩，許多大石頭都是非常有個性的，其中最特別的，就屬現下躺在大殿左側的「石頭公」。當時的他是躺在預備蓋大殿的土地上方，由於他所「躺」的位置太過特殊，如果不「請」他換換地方，大殿是無法蓋起來的。但是，不論大家怎麼挖，他老人家始終「老神在在」，讓大家傷透腦筋。有一天，所有的人又為了他聚在一起，商量著該如何是好，「砰！」的一聲巨響，他掉下來了！而且就掉在一個最適當的地方，大家莫不衷心地說一聲「阿彌陀佛！」

二十多年前山上信眾不多，除了師父之外，就只幾位法師，山上的日子除了道場建設，師父和法師們過的是純粹的修道生活。師父

常常以一對一的教育方式，隨機逗教，傳授觀心、觀照法門，讓我們直入心性，並且從日常生活中帶動我們去觀察自我。

有一次，我在搬椅子，因為漫不經心發出很大的聲響。

「要善待一切眾生。」師父聽到立刻提點我。

另外有一次，師父要法師將一幅攝影作品釘在客堂上，被師父指派的法師有一點不情願地，釘到一半時，師父竟拍拍他的肩膀說：「釘也可以，不釘也可以，不用釘得那麼痛苦，真見笑。」

我們就是在師父這樣隨時教育的情況下，學習放下執著跟打妄想。

大殿於民國七十三年六月十九日（農曆）落成，原名「不動寺」後來改名「無生道場」，因為無生就是本來面目，師父從宜蘭來到這裡最大的體驗就是——無生之生。

師父希望無生道場成為弟子修行的道場，因為這裡靈氣十足，很適合作為培訓人才的搖籃，不過一開始除了荒煙蔓草、鳥獸蟲蟻，什麼都沒有，後來慢慢地小殿、大殿、文教基金會的辦公室一一蓋起來之後，果然是風生水起了。

菩薩清涼月

有一回，師父和大家説著話，説著説著，師父提起：「山上這麼美好的一個地方，不應該只是供人禮佛而已，我們還可以為眾生多做些什麼？」

這個議題引起大家熱烈的討論，佛法本是自利、利他，修行更是為了利益眾生，應該如何讓芸芸眾生獲得最大的利益？我們不斷你來我往地討論著，最後的結論是：人心安定、社會安寧、世界和平，這應該是大家所嚮往的。只是該用什麼方式去呈現這個理想？大家又七嘴八舌的紛紛表達意見，後來我們討論到《華嚴經》裡的華嚴世界，那是一個沒有分別、是融合、是和平的一個理想國度，最後我們決定要在娑婆世界建造華嚴，讓眾生居處的環境從「堪忍的世界」轉化為「華嚴淨土」，「世界宗教博物館」的意念到此於焉成形。

　　一個窮和尚，帶著一群小法師，要蓋博物館，只能說，要人沒人、要錢沒錢、要土地沒土地，甚至博物館長成什麼樣子，我們每個人的想像也都各有千秋，只有師父一以貫之地說：「在我的生命裡，沒有放棄這兩個字。」

　　志業的開展終究不能紙上談兵，而是必需去執行，既然要蓋「世界宗教博物館」我們就得開始和全世界的各個宗教交流，於是我們分配執事，有人開始募款，有人開始為了理想走遍海角天涯……

　　募款，對我們來說十分陌生，早期大家過得簡陋，沒有需求，可以說從師父到法師，個個是身無長物，現下要蓋一座博物館，我們完全沒有經費來源。在一次討論的過程中，一群師姐向師父提議，舉辦水陸法會吧，因為水陸法會功德殊勝，辦水陸法會與廣大無邊的眾生結善緣，世界宗教博物館一定蓋得起來。

　　師父在墓地苦修時就己經發下普度眾生的大願，如今因緣到了，大家便開始著手舉辦第一場水陸法會。

　　八十三年靈鷲山第一場水陸法會在台中舉辦，法會結束後出現一個因緣，一個遠在日本做生意的吳師兄跑到山上告訴師父一個消息：「師父！您要蓋世界宗教博物館有希望了，我有一個朋友當了帛琉的第一任總統，他邀請我去參加他們的國慶大典，帛琉有很多島嶼，我們可以選一個島在島上蓋博物館。」結果，這個任務師父

指派我去，我和顯月師便一同前往帛琉，行前還買了一台V8。

十月一日，我們參加帛琉國慶，並分送世界宗教博物館的DM給現場的來賓，十月二日一大早我們就出海了，我們首先去到一個沒水沒電的島嶼，這個島嶼並不符合我們蓋博物館的標準。當時我對他們提出最基本的要求，要蓋博物館的島嶼需要有三十萬人口、有水有電。吳師兄趕緊又帶著我們出海，船行到另一個島嶼時已經是正午一點，這個島上有許多戰爭的遺跡，當地接待的人員說：「這是二次世界大戰時日本發動大戰的總指揮部，島上還遺留許多戰時的設備，制高點上有一個山洞，當年不願投降的日本軍人都在這個山洞自殺。」

眾生平等

當時我的腦海裡接收到一個強烈的訊息——自殺的日本軍人，要求超度。

小時候我很討厭日本人，因為看了非常多南京大屠殺的照片，但隨即我念頭一轉，既然都已經出家了，對眾生就要有平等心，當下就把小時候的記憶在腦海裡劃掉了。

接著我又起了一個念頭：「鬼，不都是在晚上出來，是不是我腦筋有問題？」

但，要求超度的聲音又來了，這是第二次。就在這個時候，剛巧我的V8沒電了，來到這個島嶼以後我們幾乎什麼都沒拍。

我想著：「如果你們真的要我們幫忙超度，就請你們幫我，起碼將你們的碑文拍完。」

結果V8真的又有電了，等到碑文很完整的被紀錄下來之後電又沒了。回到台灣，我就依約幫在島上拍下的碑文裡所有因二次大戰死亡的戰士都寫上牌位。

八十四年，我們在美國舉辦舍利大法會，美國的電視媒體不停地連續播放，在當時造成滿大的迴響，我們真的辦的滿轟動的。法會結束後我以斷食閉關恢復體力，出關後我發覺，怎麼世界各國都在紀念第二次世界大戰五十週年。我想，怎麼那麼巧？七月初一回到靈鷲山，山上派車及一位法師來接我。

回山的路上我問法師：「水陸法會目前籌備得狀況如何？」

法師說：「大師兄，不可思議，國防部要來主祭！」

我說：「我們辦法會跟國防部有什麼關係？為什麼他們要來主祭？」

他説：「今年我們水陸法會的主題已經變成終戰五十年。」

我心裡想著：「這牌位一寫還真的結了這麼多緣，都來了。」

我下定決心這次水陸法會一定要全程禮拜。從結界開始，一直到幽冥戒時最有趣，幽冥戒要做大皈依，成佛的皈依。當時我幫他們取的法名叫正覺，等到皈依的儀軌完成後，我一爬起來，後面有好多的聲音同時叫我一聲 ──「大師兄！」

那一年水陸圓滿後，護法會有個行程要去日本參訪寺院及宗教，本來沒有我的名額，沒想到水陸一圓滿，我就接到通告請我擔任參訪日本團的團長。我不但去了日本，整個行程都被熱情的接待。當時我有一個很深的覺受，水陸法會真的可以廣結很大的善緣跟福報。

人生真的很苦，有事業、六親眷屬、錢財的苦，那次的經驗讓我真正認識到生與死都是生命的一部份；眾生平等及廣結善緣的重要。廣結善緣就是現世的法報化、因緣果報，一個善的緣起。我們要和眾生、不同形式的生命結善緣、法緣、無上解脫緣。

溫暖的家

靈鷲山要蓋一座「世界宗教博物館」現在想想，當時真可謂是不

知天高地厚，一群佛教僧侶，很單純地為了族群融和、世界和平的大願，足跡踏遍全球，唯一憑藉的是一股對眾生的熱忱，十幾年來跌跌撞撞，而我們真的做到了，師父卻說：「這只是第一步。」

回首過往，在宗教交流過程中的點點滴滴實在令人難忘……

有一回在南非，我們認識一個藝術家，他告訴我們，他們的食物都是用南非的椰子果盛著，吃飯的時候，大家就坐在凳子上，你一口我一口的分著吃，那是一種分享，沒有人各吃各的，大家都圍在一起，一起吃飯。吃飯可以看出一個團體的文化，他們的團體懂得分享，大家同在一起的感覺很凝聚。

他還告訴我們有一首歌叫做「溫暖的家」，就是「我的家庭真可愛，整潔、美滿、又安康，姐妹兄弟很和氣，父母都慈祥…」這是當地的一個流浪漢所創作的歌謠，在南非那個動盪的地方，這首平易又略帶憂傷的歌謠，唱出世人對家與和平的渴望。

我們要蓋博物館的步伐無形中越加緊湊起來。

松花江的魚

去到東北參訪，在松花江的河堤上，我們發現貼著一張牌子「歡迎來到松花江博物館」，往下一看，一人一毛。啊？參觀博物館只

要一毛錢，那是什麼樣的博物館？我們一整群人興沖沖的跑上河堤去，大夥都想看看，到底這「松花江博物館」是什麼樣貌。

　上去之後，我們看到的是二十幾個鐵盆子，每一個鐵盆子裡面，就盛著一隻從松花江撈上來的魚，最後幾個鐵盆裡面，嗯？沒魚，

　我們問起：「這鐵盆怎麼沒魚？」

　導覽員說：「死啦，丟啦！」

　這就是「松花江的博物館」

　這真的徹底打破我們對博物館的概念。

　我們大家相視大笑，我們的博物館有希望啦，安啦，怕什麼，這樣子都可以稱作博物館，對於我們的博物館我們是信心大增！

建立友誼　彼此信賴

二〇〇一年，來到巴爾幹半島的波士尼亞，這個三百多年來，東正教、天主教、猶太教、回教、伊斯蘭教等各種宗教共處的不安地帶，因為近幾十年來民族主義的驅使，讓各種族相續尋求獨立，再加上政治、經濟因素，引暴激烈衝突及內戰，這一戰長達數年之久，同一個國家甚至同一個族群的同胞互相殺戮、彼此仇恨，國雖未破，山河還在，家破人亡的悲劇卻時刻上演。

才到波士尼亞，座車保鏢就告訴我們，從小他最要好的朋友，是一起長大的隔壁鄰居，現在這個朋友搬到他所屬的教區居住，不但斷絕往來、甚至彼此仇恨。為什麼會變成這樣？他自己也不明白。可見宗教不一定是衝突的原因，政治有可能假借宗教之名，製造糾紛、抗衡，而受害的是無辜的黎民百姓。

跑遍波士尼亞的南北，我們見到當地的美國大使、聯合國駐波士尼亞代表，也見到了伊斯蘭教、天主教、東正教、猶太教等各大宗教的領袖人士。大家都很意外，我們這個佛教和尚和小法師跑來這裡做什麼？

師父說：「我們來看看能實際做些什麼。」

雖然沒有大筆資金或物資，我們發現，無論從司機到記者，當他

們面對一個佛教團體能從遙遠的東方，來到這個板蕩又偏僻的遙遠地方，真正不怕死的只為送來誠摯的關懷，他們覺得享受到了宗教本質的那份愛心和溫暖。

我想，就像接待我們的那戶回教家庭一樣，即使兒子在戰爭中受傷殘廢，一家老小，卻更毅然地把生命投注在宗教交流的實際推展和青年教育上。因為我們都相信，唯有藉著實際的交流與分享，不斷增進彼此的認識，能夠真正建立友誼、相互信賴，才是化解衝突的唯一途徑。

沒有仇恨　只有寬容

二〇〇二年三月十一日，恰好是九一一半週年忌日，我們在美國紐約One Center有場「如何透過禪修化解衝突」的演講會談，就是首場的回佛對談。演講後，我們走到事件遺址附近的一座英國國教教堂，也就是九一一當時急救避難的所在，師父同我們在教堂外面祈禱。教堂裡的修女知道後，開門讓師父進到教堂裡去。

這是他們首次開放讓其他宗教領袖進入，立在聖壇前面，我們重新回顧這場浩劫，無論是師父、修女或是一切受苦罹難的生靈，已經沒有人我的區別，不論你是什麼國家、什麼教徒，這時仇恨不再有意義，我們的心中只有寬恕、只有關懷，一切都融合在祝福與祈禱的心念中。

　　博物館籌備期間，我們受到各個宗教無限的祝福與支持。教宗送給博物館一紙祝福狀；達賴喇嘛送了一對自己手持的法器；泰國僧皇也轉贈一尊泰皇祝壽的金佛；世界回教聯盟秘書長曾親自來看我們的收藏品，回去之後便送給我們二十多件珍貴的宗教文物，包括來自麥加天房聖殿的黑幕。這是第一次，回盟將天房黑幕送給伊斯蘭教大寺院以外的非回教組織。

　　關於宗教文物，我們有一份象徵著「尊重」的禮物。原來宗教博物館請到了一本錫克教聖典，放置在玻璃櫃內展示，但是，來訪的錫克教徒認為將聖典放在玻璃櫃內是不適當的，溝通的結果，我們基於「尊重」的理念，將這份經典請回。事後，印度錫克教領袖特別來函，邀請我們去拍攝黃金廟，並送給宗教博物館一代咕嚕上師所用的琴。

地球家

　　走了那麼多地方、也探訪過無數的歷史古跡、我們真誠的與各個宗教交流，那種感受…就是世界一家啊！

　　所以，我們不稱地球為村，整個地球就是一個家庭，因為我們身體裡的因緣組合，每一個DNA都是交叉而又重復的組合在一起，我們應該提升靈性的觀念，所有生長於地球的生靈都是共存共榮，生命

原是平等的。

二十幾年前德國籍的瑪麗，帶著一個南美洲籍的哥倫比亞人來到山上。

來自哥倫比亞的朋友問師父：「師父，到底佛性是什麼？」

師父讓他們閉上眼睛五分鐘。

然後說：「佛性，就是當你閉著眼睛的時候，我跟你之間沒有區隔、沒有距離。我們都是在一起的，這就是佛性。」

二十幾年來的體驗，我們發現宗教交流剛開始起步，大家都有心防、有芥蒂，最困難的，永遠是如何踏出第一步，所以我們主動伸手、微笑、擁抱，拿出真誠與人相處，化解彼此的疑慮，最後，我們都能成為好朋友，宗教交流讓我們交到許多好朋友！為了「愛與和平地球家」的實現，我們必需這樣走下去！

一花一世界

華嚴世界就在眾生心中，因為悲心願力，
所以我們都是佛的顯現；
因為無明煩惱，所以我們都是凡夫。
——了意師

某個禮拜六午后，在師大附近的一家素食館裡遇見一位學長，從學長口中，知道福隆山上有位師父住在山洞裡，進行斷食閉關。覺得很有趣，當天下午便和同學翹了課，直接上山一探究竟。當時，我就讀淡大會計系二年級。

學佛當消遣

二十幾年前山上只有小殿、山洞，和一大片的荒蕪。一碰到下雨天，泥濘不說，還滑得要命。師父平常住在山洞裡，白天偶爾會出來，我和同學到達山上時，師父恰巧在小殿，他頭髮長長、鬍子也長長的，一看到我們來了，要我們趁著天未黑先去玩玩。當時山上什麼路也沒有，我們害怕迷失在山林裡頭，所以在附近走走就折了回來。

山上沒有電，到了晚上只能點蠟燭，燭光中師父對我們說：「學生學佛並非用生命在學，也不會將學習到的東西運用在生活上，只是將佛法當作一種學問。」他笑我們是科舉時代的八股學佛人，把學佛當作一種消遣。

晚上拿著小椅子坐在小殿前，漁火點點、繁星點點，那天，真的讓我很難忘。

隔天臨別前，師父他送我們兩樣東西。他要我們學佛不忘兩件事，一是因果；一是種籽。

他告訴我們：「如果無法播灑覺悟的種籽，至少應該將因果做好，如此便不怕生命中有什麼樣的責難，可是更積極的，應該學會去播灑種籽。」

下山後，我每天都睡不著，耳邊不斷地聽到海浪聲，一直想念著山上，第二個禮拜就上山皈依了。

生命的意義

生平最厲害的，就是學期成績一定會All Pass，也因為這樣，被選為「正智社」的社長。當年「正智社」有個不成文的規定，社長是不能功課不及格的。當了社長之後，經常帶著學長們跑遍大江南

北到處參訪；也曾請星雲法師、心道法師到社團來演講；於齋戒學會時認識懺雲法師、廣欽老和尚還有苑里尼師；道一法師、十八羅漢洞也都去參訪過，我覺得跟這些修行人對話很愉快。

當時的我以廣欽老和尚為「父」；以苑里尼師為「母」，因為他們都是實修派中很重要的典範，我非常崇拜他們兩位，常去跟他們請法。尤其苑里尼師終生打赤腳，住的地方約一公尺見方，沒有床沒有燈，一生只穿兩套衣服，補了再補，即所謂的「百納衣」，所持的大悲水都會結舍利子，而且在一擊掌之間即可持誦一遍〈大悲咒〉廣欽老和尚年紀很大了，每次問他，他總是叫你唸，阿彌陀佛，很少回答我們提出的問題。

心道師父與兩位大師又不相同，他會告訴我們很多觀念，很用心地引導許多佛法思辯的東西，我個人也比較喜歡這種形式，皈依師父後，社團和會計系的同學幾乎全被我帶上山了。

畢業後原想在山上住上一、兩個月，偏偏很多機構都打電話給我，提供很多的工作機會，我想那麼多同學都找不到工作，卻有這麼多工作找上我，應該惜福，所以我就下山了。在畫廊裡做財務管理，是我生平第一份正式的工作，也是最後一份，時間只有短短的三個月。

有一次去算命，算命先生把我的過去算得很準，幾歲時媽媽去

世；幾歲戴眼鏡…都非常地準，至於我的未來，他說我以後是個慈善家，先生是個生意人，小孩子如何如何……

聽了之後，我怔怔地想著：「難道我的一輩子就是這樣而已？」

頓時心中產生一股很強烈的失落感，算完命後，我連夜上山。

我心裡不斷反覆地想著：「如果我的過去可以被算得那麼準，那我的未來若果真如他所說，人生豈不是很沒意義。」

第二天再下山時，我覺得應該先將工作辭掉，上山好好思考人生的意義。

在山上日子過得很愉快，有一天，道明師在定境中看到高大的菩薩手持楊枝，從前山大門一邊灑淨，一邊走來。

有一個很宏亮的聲音清楚地說：「阿芬！如果要出家，就在農曆十月十五日的午時。」

當時我半信半疑，仍不敢下決定，但是聽見道明師如此說，內心底是升起了一股崇高的使命感。

農曆十月十五，我一大早就醒了，山中天氣一掃平日的陰霾，出

奇地晴朗，師父也起了個大早，一看到我就說：「我們來剃頭吧！」

在剃度的過程中，發生了一段小插曲，一開始是我自己拿剪刀把頭髮剪掉的；頭剃到一半時山上忽然停電。

師父告訴我：「這些都是有意義的。第一個緣起 —— 表示我必需自己解決自己的煩惱；第二個緣起 —— 意味著我在日後的修行路上，會有一段很辛苦的時間。」

圓頂後我向師父頂禮，並由衷地說：「像我們這樣的凡夫，您都願意度，我這一生真的很感激您。」

師父對我說：「你們都不是凡夫來的！」我聽了更加深內心的使命感。

父親的眼睛

大四時曾問過父親對出家的看法，父親說：「你是一個知識份子，如果將來出家後對社會沒有貢獻的話，我一粒米也不會拿上去給你吃；若你認為會有貢獻的話，那你就去吧！」

出家後三個月回家，父親第一句話就問：「你怎麼變瘦了？」

「出了家不要忘了家。」是父親的第二句話。

我回去爸爸只說了這兩句話，我很感動。由於我七歲喪母，是父親一手帶大我的。我出家了，他嘴上不說，但心裡總希望我能常回家，兩年後我再回去，父親覺得我做的事情是很有意義的，並要我對教團有所貢獻，不可以尸位素餐。

前幾年我回家，父親對我說：「你都沒在修行，往生時可有把握？」

我說：「你不是要我對社會有貢獻嗎？」

「你忙過頭了！」父親語重心長地說。

父親的意思是，我應該多給自己一些修行的時間。父親的思想是有階段性的在改變，他一直在觀察我，然後給我一些他的建議。出家第二年回家時，父親給了我一本經書說：「這本解釋得不錯，你要看。」父親當時已經可以和左鄰右舍討論《六祖壇經》和《心經》了。

當頭棒喝

剛出家時，師父的弟子就只有大師兄、道明師和我。大師兄每天

跟著師父出去普照；道明師整天打坐，只有吃飯時間，才會跟我講話，每天就我和道明師相依為命。我除了打坐就是讀經，只要師父在山上，我就會把讀經時所想到的問題全部提出來問他，問到他煩為止。例如《楞嚴經》我會對照各家法師的版本解讀。因為時間實在太多了，出家生活的每一天都很快樂。選擇出家，就是因為對入世的生活不是很有興趣。

有一天，我坐在山門外，師父突然氣沖沖地跑來罵我，當著很多人面前指著我說：「你這個知識份子，在這裡偷懶！」

真的把我嚇壞了，我突然醒過來：「對哦！我為什麼出家？」

　　本來還以為出家就是過著閒雲野鶴的日子，所以每天讀經、打坐，覺得這樣的日子很愜意。師父的意思是，我不應該浸淫於佛法的知識中，而忘記了出家人應該利益眾生的本懷。

　　坦白說，從出生到大學畢業，我的生命一直不像現在這麼地積極，面對社會、面對工作，我是自己一個人過得很愉快，交很多詩人朋友，寫一些文章。我對生命的積極度與運用是在出家以後師父對菩薩道的提醒，讓我很強烈的感受到，生命的每一分每一秒都要用得非常真實、有意義，對我，那是很大的轉變。

　　一個修行人對眾生的愛是心靈與心靈的溝通，那種溝通是不論活的或死的，因為你的靈性都存在，所以師父不管是對活人或死人講話，都是一樣的，一樣去牽動那份覺悟。這讓我感受到生命沒有時間、空間跟形象的障礙，這就是大慈悲心，老師是這樣，作為弟子的我們也應該這樣去思惟。

　　我有這樣的想法是因為我不斷地在觀察師父。

　　師父的每一個心念都是在照顧眾生，因為眾生可能漂浮在不同的空間裡，他們很苦，當我們每個心念都感應到佛的慈悲時，就可以去度化活人，也可以度化宇宙間所有靈識，這是菩薩道的學習，也是我剛出家時從觀察中學習到的東西。

二十年的修行蓋在博物館裡

民國八十三年「世界宗教博物館籌備處」正式成立時，我對博物館是一點概念也沒有，一群人討論著工作任務的分配。

師父問：「博物館誰來做？」

我自告奮勇地說：「我做！」

就這麼接下了籌建世界宗教博物館的任務。也許這應驗了當初剃度時，突然停電的因緣，因為沒想到要籌備一座博物館的未來十年是那麼難以逆料！

因為一點概念也沒有，所以一開始我只是相信，必須不斷像《華嚴經》裡的善財童子五十三參那樣地，到處請益專業人員。因此我辦了很多座談會和諮詢會議，找了建築界來談；找設計界來談；找博物館界來談；找宗教界來談，一點一滴去抓到師父想要呈現的理念與精神。

因為師父要做的事，地球上還沒有人做過，我們一方面尋找專家，另一方面跟著師父到處考察，也許我還有屬於年輕人的夢想與活力，當初覺得蓋博物館很好玩，一點也不覺得困難，大家都不知道蓋博物館要花多少錢？要多久？所以一開始也沒有壓力，雖然每

天跟著專業人士到處考察、開會，但還是充滿了愉快的夢想，直到博物館的地點一決定時，壓力才如排山倒海般地傾洩而來。

如夢乍醒，卻發現這一切都不是作夢，而是很實際的、真的要蓋一座博物館，不只是蓋，還要經營，並希望大眾可以從博物館中領會到宗教信仰的精神。

開館前一年是我壓力最大的一年。

開館日是二○○一年十一月九日，記得二○○○年的時候在香港舉行記者會和餐會。

師父在席間當著董事們的面指著我說：「如果沒有開館，你走！」

當下，我心裡好震撼！我用我所有的生命，盡全力地在做這個工作，沒想到師父給我的卻是：「若無法開館你就離開。」

好像能不能開館完全是我一個人應該負的責任，突然覺得很委屈，平日我是最尊敬師父的，連心念都沒有過任何對老師的不恭敬。我以為我聽錯了。

晚上回到飯店後，再一次跟師父確認，沒想到師父肯定地說：

「對！如果沒有辦法準時開館，你走！」我的感覺真是無言以對。

　　回國後整個人好像沒有了靈魂，但仍然努力去做，師父的話不知道是我的動力還是壓力，但我潛在的力量一直不斷地散發著，直到開館後才終於放下了。若從修行考驗來看，這是在考驗我如何面對一切。

　　開幕那天，我完全感受不到任何的快樂或悲哀，內心一片空白，沒有感情沒有熱情，就是做，其實我不是想要得到讚嘆，而是要感覺我的上師怎麼看待這件事，而我自己面對群眾又是什麼樣的心？那種內心的淬煉，事後覺得頗為玩味。我想若是沒有這句話，也許這個教團的志業無法一鼓作氣，這臨門一腳是最需要修行的一場大考驗。

全面的啓動

　　師父是隨機逗教的人，他不會刻意做什麼安排，出家的心路歷程，是挑戰自己內心所有的心念，從出家學佛到今天，我很相信必須不斷地去照顧自己的心念，這是一種很特殊的經驗，如果不把工作當修行，就意味著我這二十年都沒有在修行；如果我把工作當修行，我確確實實已經修行二十年。既然生而為人，有了覺性，就可以讓所有的視覺、聽覺展開全面性的學習，這是一種修行。學習之後，讓所有的心念都能在無私、無罣礙的狀況下吸收，這期間心念

的掙扎其實比打坐更辛苦，可是它卻愈來愈清楚，愈來愈明顯、愈來愈寬廣。

好的老師，是隨時可以跟自己的心念互動的，而不是講多少經典、拜多少佛、作多少功課，每當不經意的一個念頭落在有相裡，師父馬上毫不留情地將之破除，因為是這樣的老師，自己就必須用這樣的根器去跟他學，所以老師隨時會罵人，我也會隨時與老師論戰，智慧是從不斷地跟師父互動與反芻中回饋而來，經由這樣的互動，讓我對空性的道理可以正面反面、左邊右邊，淋漓盡致地去證明。在與師父學習的過程中，我慢慢地發覺到「般若法門」的學習是沒有次第的，最好的方法是沒有階段性的，它是全面性的啟動。

珠玉之網

從出家修行到今天，最最最重要的、也是不會改變的就是覺悟的種籽，這顆種籽可以播灑在每一個自我的生活行為上；播灑在與眾生的對應之間；播灑在與不同宗教的關係上。修行是探索真理、發現真理、實踐真理的過程，這個過程是非常多的脈絡所組合而成的關係，從最原本的一個心念對應自己的本體與上師的對應；與眾生所結下的每一個緣份，這點點滴滴交錯的互動，形成一個密密羅織的網絡，向內是自身的修行，往外是利益眾生的志業，這就是珠玉之網。

　　世界宗教物館是第一個脈絡，把華嚴世界〈一即一切，一切即一〉的〈一〉轉化成〈一切〉的一個平台。這個平台它不是跳躍的、不是即刻的一個平台，世界宗教博物館，最刻骨銘心的是發心與奉獻。是不斷地明明白白的、清清楚楚的去發心，然後不退轉地去延續，非常理性地去接觸不同的知識、不同的宗教、不同的國家、不同的社會環境。用這個初發心去創造一個更和平的網絡與更美好的地球家。

　　二十年走來，我們從宗教不同的意志產生一種溝通、協調與合作，尤其近一、兩年我們是從世界和平的實際問題去面對宗教交流的工作。阿富汗巴米揚大佛、紐約九一一事件…不同國家的宗教衝突，這些都不是二十年前我們在做很友好的、很簡單的宗教對話時可以想像的。

　　二〇〇〇年我們去宣揚世界宗教博物館；二〇〇一年因為巴米揚大佛被催毀，我們去做全球聖蹟維護的工作。

　　記得我第一次踏到東歐土地 ──波士米亞，一下車，映入眼底的是，佈滿彈孔的建築物，這些國家的人們絕大部分從未見過出家人。師父，一個來自亞洲的出家人卻拉起不同宗教領袖的手，讓大家一起坐下來談，當時有許多伊斯蘭教徒的朋友都皈依了師父，當下的觸動很深。

而印象特別深刻的是，有一個波士米亞的記者叼著煙對師父說：「你們這樣做，世界就有可能和平嗎？世界怎麼可能會有和平嘛！」

師父說：「心靈和平世界就和平了。」記者聽到師父用心誠懇的一句話，態度立刻恭敬起來。

我們是這樣一幕幕，很真實地看到歷史被摧毀、文化被摧毀、無辜的生命被催毀，宗教與宗教之間因為彼此的不瞭解甚至不認識就打起來了，這樣的衝突不斷地在發生。

剛開始籌備世界宗教博物館的時候，師父的理想就是世界和平，這個理想我親自證實，透過實踐越來越清楚也越來越肯定，世界和平是人類最迫切需要的。世界和平並非如年青人所想像的那樣遙不可及，而是你能做到一分就去做一分。在宗教交流的過程中，我們發現到宗教教育是和平工作的前導，這讓我想起一真法界，就是用第一念的真心，讓無國界的善行起動，引起共鳴。

十年樹木　百年樹人

也因為教育的工作刻不容緩，二〇〇一年底世界宗教博物館開館後，我再次接受另外一個使命——籌辦「世界宗教大學」。剛開始要接卜第二個志業，是滿惶恐的，因為不論是從教團的發展或各方

面的資源來看，任何人來承擔都會很辛苦，尤其經過世界宗教博物館的洗禮，不管在資源上或體力上來說都已經有點累…可是，當你覺得可以再去創造一股能量和一個磁場，再加上親眼所見世界的事實與現況，宗教教育的確是很重要的一環的時候，卻又一無反顧地想要去實踐它。

我們所做的所有事情，社會運動、社會服務、公益活動、建構博物館，這些經驗與成果如何繼續延續下去、傳承下去並且發揚光大，這些回歸原點不得不讓我們重視教育的問題。所謂教育，就是培育承先起後、繼往開來的人才。

沒有人才，志業無法延續、沒有人才，就無法把理想發揚光大，教育工作是我給自己一個很大的要求，也是對眾生所做的一個承諾。這個許諾就是 ── 讓靈鷲山佛教教團能更踏實地為這個社會培育好的出家人、好的社會學習典範，當然最希望的就是讓佛法在這個時代的發展，具有它更深遠的價值與影響力。

籌備世界宗教大學是一個很辛苦但又充滿意義的工作。順著過去在國際上的努力，我們引進更多的、更好的資源，讓社會文化資源能夠在這個宗教大學裡延展出來。師父的理想是那爛陀的重現，為佛教培養出足以影響佛教文化千年的大人材，相對的我們也需要發大願、然後去實踐。

　　一花一世界，一葉一如來，世界是依報，如來是正報，花是世界的一部分，而世界的本質與花都是內在的同一體；葉在如來的法身之中，而如來的法身亦遍滿在一切有情與無情之中。

　　華嚴世界就在眾生心中，因為悲心願力，所以我們都是佛的顯現；因為無明煩惱，所以我們都是凡夫。因此，心、佛、眾生三無差別，這是我與上師相應的完美境界，願此生能證。

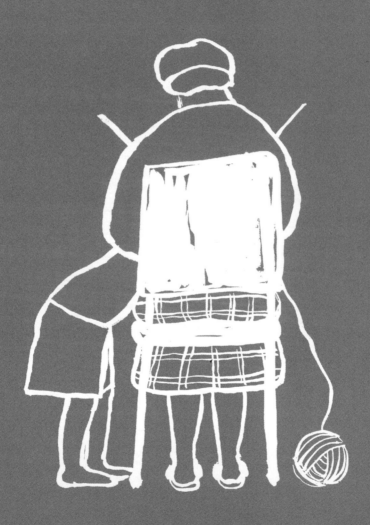

辭親割愛

3

修行，是時時刻刻的，
把生活當下的念頭照顧好就是修行。
——恆傳師

我二十二歲認識靈鷲山。開始有出家的念頭，是在二十三歲以後，但一直到二十四歲那年，因緣成熟才正式出家。

從小就很會拜拜

小時候，因為家裡做生意大人都很忙，拜土地公的事情就由我這個小孩來做，所以從小我就很會拜拜。

我們家就是傳統的民間信仰，遇到考試，我就求土地公保佑我考試第一名；媽媽生病的時候，我就求土地公讓媽媽的身體趕快好起來。我自認為很會跟神明溝通，跟神明溝通就像跟人說話一樣沒有困難。家族成員中，我是第一個走進佛教世界的，之所以會和山上結緣，是因為朋友的爸爸到山上斷食閉關七天，朋友邀我一同上山，因此認識了靈鷲山。

一個很深沈的痛

在我的生命過程中，曾經遭遇到一個很大的轉折，這要從我小學開始談起⋯⋯

早期我們家是開飯店的，因為生意非常好，放學回家的時候，都得從人群裡鑽進家裡去。

有一天媽媽生病了，夜裡爸爸輕輕地喊我起來：「你媽媽生病了，我去找醫生，你好好地看著媽媽。」

爸爸一直覺得是為了開這家店讓媽媽把身體搞壞了。這樣是不值得的，所以爸爸決定把飯店賣了，全家搬到卓蘭去種水果。

卓蘭，是個非常有人情味的地方，我是一個轉學生，但是小朋友們都對我很友善，最記得有一次下雨了，大家都願意把雨衣借給我穿。我在卓蘭只住了兩年，這個地方卻是我童年記憶最深刻的地方。

我和同學們都相處的很融洽，其中有幾個小朋友同我特別要好，說是要結拜。於是我成了大姐，老二是男的、老三是女的、老四是男的、老五是女的，我一下子多了好幾個兄弟姐妹。

就在我二十一或二十二歲那年，結拜老四當兵去了，很不幸地他被軍車撞死了。我沒有辦法接受，這麼一個年輕的生命從此殞落。從那個時候起，我對生命開始充滿了疑惑。參加他的告別式，我看著掛在靈堂前的輓簾：「蒼天何忍！」

蒼天何忍啊！他五歲時，媽媽就因為子宮癌過世；在他往生的前一年，他的哥哥也同樣是被軍車撞死…結拜的四個人決定在他的靈前守最後一夜，那一夜，我們每個人都沒有說話，只是各自不斷地哭泣。

生前他與父親是相依為命，他對這世上唯一的親人很有孝心，依著傳統，他的父親幫他蓋了棟房子，當晚伯父指著那一棟紙糊的房子對我說：「這房子，是給我兒子的。」我知道他的爸爸是為了要安慰我們，我也明白伯父早已欲哭無淚，可是他越想安慰我們，我們就越覺得難過！

從告別式回家之後，我就不停地問我媽：「人為什麼要活著？我的壽命無法自己決定，什麼時候生、什麼時候死，我都無法自己決定！」

媽媽回答我：「你才廿出頭想那麼多，人活著就活著，有什麼好想的！」

既然媽媽也無法告訴我答案，我只好自己去找答案了。

我開始思考一連串的問題：「生命的意義在哪裡？我為什麼要活在這個世間？我為什麼來到這裡？」在我心裡不斷對生命提出許多問號。

面對結拜老四死亡的衝擊，我開始變得悶悶不樂，只要一想起他我就想掉淚，想起當年一群人結拜時，一同拿著竹枝當香，一起拜拜，並立下心願：「我們五個人要一起環島旅遊；我們的家庭要如何聚會…」年輕的生命不斷地在憧憬著屬於我們的未來；不停地規劃我們美好的人生。

我無法相信他會在二十歲，旭日即將東昇的時候離開我們。受到這樣無情地打擊我們四個人不敢再見面了，因為一見面就會想起過去的快樂時光，也不敢再提起他，一經提起就會傷感。之後的兩年，我漸漸地起了出家的念頭。

選擇人生路

第一次來到山上的感覺——山上好美。

當時上山還得爬三百六十五個階梯，來到山上之後，第一眼就看見師父。師父當時光著腳，坐在矮板凳上看報紙，看見我們很愉快

地跟我們打招呼：「嗨！小朋友你們來了。」

「師父你好！」我們連阿彌陀佛也不會講，師父要我們先四處去玩玩，晚上再回來喝茶聊天。

到了晚上，我很直接地問師父：「師父！我很喜歡幫助人，為什麼反而常常被人說成多管閒事呢？」

師父說：「你想幫助人，連你自己都不會游泳了，還想救人！」

我又問師父：「那，要如何學會游泳？」

「那，就要學智慧！」

與師父對話之後，我想學佛和追求智慧的心就被起動了。

我開始常常上山，請問師父關於生命的疑惑，在這樣的過程中體會到，同樣是一個人的生命，為什麼師父的生命是被那麼多人所需要，那麼許多人內心的疑惑經過師父的解答，頓時豁然開朗了；為什麼同樣是一個人，我們卻沒有辦法引導別人走向更光明、更為解脫的生命？從那個時候開始，我規劃著我的人生該怎麼走。

我從單身、結婚和出家這三個方向去思考，分析之後覺得，出家

才是我人生應該選擇的道路，出家的生命就是把自己原有的定見與習慣拋掉，接受一個老師的訓練；在團體生活中磨練自己，如何在一個團體裡和所有人產生良性的互動，這是一個真正修行的開始。

辭親割愛

終於，有一天，我跟媽媽說：「媽，你就放了我吧！我決定要出家去了。」

當我說完這句話，全家籠罩在一片低氣壓中。這樣的氛圍讓我不敢住在家裡，因為媽媽一看到我就哭，我看到她哭，自己也哭。於是我跑到朋友家裡去住，但這終究不是辦法。最後我決定用較迂迴的方式和媽媽溝通。

我說：「媽，我先到山上住一個月，調養調養我的胃，一個月之後再回家好了。」媽媽終於答應了。

長那麼大，對我，爸爸從來沒有過任何要求，但這次爸爸告訴我：「爸爸可不可以拜託你，慢兩年再出家！」

當時我的心在滴血，我一直認為自己是一個乖順的孩子，從小到大絕對順從父母親要我走的路、做的事，可是這一次我完全背叛了他們的想法，這對他們而言打擊實在太大了。

　　但是我的父母親很好，回首我的成長過程，他們知道我是一個喜歡幫助人的小孩，是一個善良的小孩。會選擇出家是因為我有很天真的想法，想去幫助別人，因此他們並沒有太多的反對，只是有著強烈的不捨。為了緩和他們的情緒，我還是告訴他們等我身體好了會再回來。

　　那天，媽媽送我到車站搭車。她很相信我，因為從小到大我始終沒跟她說過一句謊話，她相信我這次是會回來的，可是她不知道，我這一去就出家了。

　　在決定是否出家的那段時間，我的內心是很掙扎的。因為，雖然

家裡不是很富裕，但我們是一個很幸福、很快樂的家庭。我常陪著爸媽去做很多事情，我在小學六年級時，就可以聽媽媽說她的心事了，我就像她一個貼心的朋友，當她發覺一個貼心的女兒不再屬於她時，那種悵然若失的感覺，我可以深刻地體會到。

我出家之後，媽媽大哭了三個月，每次他們上山來看我，我在他們面前笑得很開心，但是一轉頭，哭的人就是我。

出家還不到十天，爸媽從新竹開著車來看我三次。

我哭著去問師父：「師父！我出家竟是這麼地不孝，我這麼傷害我的父母親，我該怎麼辦？」

師父說：「你要忍耐，這一段日子忍耐過去就好了，彼此適應彼此的生活，你要堅持地走過去，出家人就是要『辭親割愛』要能將自己的小愛奉獻出來，去成就一個大愛！」後來爸媽再到山上來，我慢慢的能面對他們說話了。

從閒雲野鶴到披星戴月

剛出家，以為拜很多佛、看很多經、每天一〇八遍〈大悲咒〉就能夠開悟和成就。

受戒回來之後，我在無意中脫口而出：「我好想去閉關…」

不得了，師父追著我，從大殿到客堂，罵人的聲音震耳欲聾，我拼命念〈大悲咒〉來抵抗師父罵人的聲音，師徒兩人就這樣一前一後從大殿一路到客堂，師父要其他師兄弟們都不準離開，大家都有點尷尬地看著我和師父。而我就在這樣的情況下被「念」了三、四個小時。

最後，師父拋下一句話：「你如果還有面子和自尊，就不要跟我學！」

第二天，師父到大殿來看我，師父問我：「罵你，會不會怪師父？」

我的內心真的是百感交集，什麼話都說不出來。因為從小到大就連父母也沒這樣罵過我，心裡老實說是有些不舒服的。

師父說：「心就是道場。能夠慈悲、利益一切眾生就是修行，修行並不是很自私地把自己照顧好，而不理會眾生的存活。」

我反覆地咀嚼師父所說的話，心裡漸漸地清明起來。瞭解到師父是希望我們用行菩薩道的心來修行，不要一出家，還沒付出，就想成就自己！修行是時時刻刻的，不是拜佛、持咒、看經典、打坐的

時候才算修行，把生活當下的念頭照顧好就是修行。

　　民國八十八年，成立「靈鷲山般若文教基金會」開始有志業的規劃，為了要籌措基金，我們常常到各縣市去辦活動、辦法會及說明會，晚上二、三點回山是正常的事。在修行生活的轉變過程中，我的內心是受到相當大地衝擊，以前要求自己每天要持多少咒；要打坐幾個小時…現在這樣的時間都沒有了，只能上了車就睡，下了車就不停地講話，弘法的時候，真的沒有多少時間想到「我」。

　　山上開始發展志業，路也開始拓寬。一遇到下雨天，路上泥濘不堪，每次回山就要下來推車。有一次，車子的輪胎卡的太深，實在沒辦法推得動，師父決定車子不推出泥沼就不回山，寧願跟著車子睡在山路上。

　　師父說：「在我的生命中沒有『放棄』這兩個字。」

　　當時我聽了觸動很深，師父今天之所以能夠成就，就是因為永遠都不放棄，永遠堅持要做的事。

　　從這個時期開始，我們將修行與弘法結合。以前我總認為修行是修行、弘法是弘法。

　　師父的法是──工作即修行，生活即福田。

這樣的轉變對我來說，並不是很容易。以前的生活是，吃過飯後就跟著師父去繞佛，繞完佛就坐在大殿廣場看飛鼠，跟在師父身邊隨時請法，或是到客堂泡茶，一邊喝茶一邊聽法，那樣的日子多愜意啊！之後的日子簡直是披星戴月！每天半夜二、三點才走路回山，一邊走一邊仰望天上繁星，我們常常彼此解嘲，說自己是住在「滿天星」大飯店。

無一法可得

不論是閒雲野鶴或是披星戴月，修行就是修行。

在修行當中，就是要突破一重又一重的關卡。想成長想進步，就要突破瓶頸。有時會發現，無法更上層樓是自己習性上的問題，每個人都有他與生俱來的人格特質，有些特質在修行上會造成自己很特定的屬性，在這個地方，就像一個轉不動的齒輪，但是佛法就是不讓你在那個點上空轉。

師父教育我們——無一法可得。

不應該去執著、去抓住，如果還有什麼想去得、想去抓住的，那就不叫修行了。我常常用這句話來檢視自己的內心，當我常常用這樣的方法反觀自己時，內心覺得舒暢，也不會有多餘的束縛與包袱了。

4

妙用常存無作功

苦，是修行的老師，
亦是修行的資糧。
——常存師

浴佛節那天，我出家了！

與佛教接觸的因緣起於小時候常跟阿媽到佛寺拜拜，當時並不知道什麼叫佛法，真正開始學佛是因為妙用師的關係……

和自己溝通

實踐家專畢業後，從事服裝設計工作的我，常常為了工作必須和許多人做良性地互動，久了，讓我覺得做人很難，心情也煩悶起來。透過妹妹妙用師，來到靈鷲山，認識妹妹口中，善解人意、喜歡幫人解決問題的心道法師。

初次來到靈鷲山大約是在冬季。

那天，大夥兒在客堂烤橘子，很快樂地聊著天，但是，師父一眼就看出了我心情煩悶。

當天師父看著我說：「你有什麼煩惱要問我？」

我很訝異師父怎麼會知道我有煩惱？既然師父問起，我便說出自己對於人際關係的應對感到困擾。

師父仔細地聆聽之後，稍頓了一下反問我：「你自己可以和自己溝通嗎？你有辦法讓自己的情緒不去發生嗎？」

我愣了一下：「好像沒辦法！」

師父說：「連你自己都無法掌控自己，又怎麼能要求和別人溝通？先讓自己學會和自己溝通吧！」

聽完這席話，我覺得相當受用，也開始學會反省自己，並知道如何換個角度思考事情。

過去，我會周期性地產生莫名的苦悶，我的解決之道不外乎是逛書店，看一些散文或新詩，從看書中抒解自己的煩惱；或到海邊走走，抒發莫名的憂鬱，我以為這是正常的，後來才知道那叫做「無明煩惱」。

有了第一次與師父互動的愉快經驗，我開始變得喜歡上山。第二回深受感動的對話，是在辭掉工作後的那段時間發生。

朝聖之旅

離開台北，回到宜蘭老家，有一次和朋友閒聊，大家建議我乾脆自己開個服裝店，於是我當真就和一個遠在美國的朋友開起店來了，她是我實踐家專的好同學。才開店四個月，適逢靈鷲山舉辦大陸四大名山的朝聖之旅，因為妹妹與山上法師熟絡，所以山上法師打電話給妹妹，告訴他希望我們能參加。我一向對大陸山河心生嚮往，在合夥朋友的玉成下，在報名截止的最後一天及時參加了朝聖團隊。這一次的行程對我往後的人生是一個重要關鍵，也可以說，是朋友無意中成全了一個因緣。

參與大陸朝聖之旅，老實說我根本不知道什麼是「朝聖」，不過，在朝聖期間卻因為與師父的幾次對話，成就了出家因緣。

由於是朝聖的行程，旅途中，不免看到一些珍貴的古蹟變成了斷垣殘壁，易感的我心裡不免傷感了起來，不時地進入悲觀的氛圍中，還會不由自主地歎氣。

師父發現這樣的情形，當下就對我說：「我們是來朝聖，不是來感傷的，我們應該要在朝聖的過程中，去證實佛陀所講的法是不是

真的，而不是一昧地去迷信。我們要體驗佛的教義，佛告訴我們『生、住、異、滅』有生必有滅，你應該從這些曾經輝煌不可一世的廟宇中，體驗佛陀的真理，而不是讓自己的心裡上上下下的。」

再一次，我對學佛的人另眼相看。世俗的眼光看到的是對立的東西與莫名的情緒，而師父看到的卻是真理。

出家的念頭

從來沒有過出家的念頭，直到朝聖時，禮佛一○八拜，讓我有了一次全新地體驗。

到大陸朝山，我的目的是遊歷風景名勝。一開始總是跑得比別人快，希望趕快禮拜完，留多點時間去看風景。來到五臺山，因為海拔較高，我有一些不適應，因此走得稍慢，當我抵達時有些同行伙伴己經在朝拜了，我直接加入朝禮的隊伍，一拜、二拜、三拜⋯正當禮拜到第四十拜的同時，身旁傳來一聲「南無文殊師利菩薩。」在虔誠的唸完佛號之後，才是俯身膜拜。

我愕了一會兒：「不是就這麼默數一、二、三、四、五、六、七、八⋯的拜嗎？」

　　這時方才驚覺，原來之前都是亂拜一通，心裡有些懊惱，卻又不想重新禮拜，只好硬著頭皮，接著拜下去。

　　就在這一起一伏的禮拜間，不經意地腦袋瓜裡跑出一個念頭：「如果我能出家，那該有多好！」

　　當時自己被這樣的念頭著實嚇了一跳，並不斷地想著：「剛剛那句話真的是我心裡的聲音嗎？」

　　我有些著慌又有些賴皮地對著菩薩說：「剛剛那句話不是我說的！」

　　禮拜結束後走出寺廟，在五臺山頂上，我，第二次升起了出家的念頭。

　　當時我從五臺山頂向遠處眺望，身心頓時進入清涼定境，徹底感受到心無罣礙的境界，念頭再次閃過腦際：「如果出家是這個樣子，那我要出家！」

　　這回不像第一次那麼害怕了，但仍在心中自我安慰：「不見得現在就要出家。」稍後更是把這個念頭拋到九霄雲外，繼續接下來的旅程。

畫眉鳥

旅途中，搭火車坐臥鋪，一個房間四個位置，我拿出沿途購買的戰利品，發揮原有的設計創意，把臥鋪重新佈置一番，並與其他師兄（出家後，女眾即轉女成男，我們稱之為——大丈夫。）聊起天來。當時我和法性師談起結婚的話題。

我說：「女人決定出嫁一定要很有勇氣。」

大師兄不以為然，他認為出家才是真正需要勇氣，他說：「當一個人決定要出家，所下的決定，是要服務千千萬萬的眾生，出家不是一輩子的事，而是生生世世。出家的願力與決心才是真正的偉大。」

聊著聊著，師父走了過來，我心想傳聞師父能看三世因果，我抓住機會問：「師父，你看我結婚好不好？」

當時師父也沒認真回答，只是隨口說說，我心裡正抱怨師父沒有用心看時，師父告訴我：「佛教不是宿命論，當你有決心和毅力要把婚姻經營好，就一定會有好婚姻。更重要的是，人身難得、佛法難聞，對人生的路要慎選，做最好的選擇。」

師父接著問：「你知道生命的意義是什麼？」

這個問題我壓根沒想過，嘴裡嘀咕著：「不是快樂就好了嗎？」

師父又問：「你覺得服務一家子有意義，還是服務千千萬萬人有意義？」

說到底師父也沒跟我說好或不好，只說：「只要你認為有意義的事，堅持走下去，生命就會無憾！」

接著又開起玩笑：「人生沒什麼好幻想的，女人的一生，一首歌就道盡了。」

師父說著說著就唱起了「畫眉鳥」歌詞最後一句：「沒有那羽毛地畫眉鳥，想要飛也飛不了。」

這句歌詞與師父模仿畫眉鳥墜死的模樣，都震撼到我的心，開始引導我認真地思惟這一生……

飛向自由的天空

我真的很認真地思考起自己的人生。

從小到大，我的生活一直都是過的無憂無慮，學業、事業都順利，除了感情的事，沒吃過什麼苦。朝聖回來之後，我決定用三個月的時間，謹慎地思考是否走出家這條路。

　　當時愛玩又時髦的我，沒有人會相信我會出家，反倒是長期茹素的妹妹讓媽媽非常擔心，還要我幫著勸阻，但也因為如此，家人反倒沒注意到我在觀念上的轉變。出家前這段期間，我將能想到的各種問題，一一認真地思惟，不斷地確認自己不是非理性的決定，也常常上山請教師父直到疑惑全無，便毅然決然地選在佛誕日出家。

　　這是經由我自己選擇的生命，我有一種煥然一新、脫胎換骨地清淨感。

　　從小，爸爸就給了我一句評語：「如果你會失敗，那是因為你的玩世不恭。」

　　出家後，弟弟找過我，他告訴我：「二姐！反正你以前上班也很少久待，你的資質聰慧，搞不好別人學三十年，你學三個月就行了，你應該不會出家太久，想回來就回來！」

　　雖然，我沒有設限自己要出家多久，但再次和爸媽見面已是七年後的事。

相信　是一路走來最堅定的力量

出家後「工作即修行，生活即福田。」是師父給的功課。第一次辦活動，是經歷了許多困難、克服了很多障礙才得到圓滿。正當師兄弟們在凌晨四點，高高興興地從山下賦歸時，卻被師父叫到大殿訓誡，這一訓就到天亮。

師父說：「如果我今天不罵你們，那就會讓你們傲慢而好大喜功的心延續到明天，我就是要告訴你們，做得越多你的心就要越謙虛，要能夠把成果當下放下。」

當我們覺得事情太多，做不來，師父則開示：「只有在很忙碌的時候才能看到自己的修行有多少，更何況事情再多，每次也只能做一件事。」

這句話對我往後的每一件工作都很受用。真的，如果我們每次都以當下的心去面對事物，每次就只能做一件事情，其他的，包含下一個工作都是妄想，只要一次一件事好好地做，那麼事情就能夠做好。往往我們在還沒做事之前就產生得失心，這種念頭會讓我們感覺到壓力，時常觀照自己就會沒有壓力。

剛出家時，心很容易被事項干擾而起了無明煩惱，師父會不時的叮嚀我們──觀「苦、空、無常」。師父很嚴厲也很有耐心地引導

我們，一開始是無法體會的，也無從體會起，漸漸地終能慢慢悟出「苦」是修行的老師，亦是修行的資糧。

我覺得自己能夠一路走下來，最重要的因素就是——我始終相信師父。

雖然對師父說的話，會逞一時口舌之快去做反駁，但是，我總能在事後慢慢地去體會、去觀照，師父的話真的很受用。只要我相信師父的教誨，我就能夠快樂自在！

有一次爸媽從宜蘭到台北來，我帶著他們參觀位於南京東路的辦公室，走進電梯以後，媽媽問我：「常存師！出家到現在有沒有後悔過，你老實告訴我。」

我很肯定地告訴媽媽：「從來沒有，一次也沒有！」媽媽還是覺得不可置信。

不過這是我的心內話。雖然出家以後還是有煩惱，我總認為這些煩惱都是讓我成長、歷練的契機，我不斷地察覺到自己的改變，從一個憂鬱、愛哭的人，到現在凡事都可以一笑置之。過去的我很挑惕，現在越來越隨和，改掉很多拘泥細節的習氣，出家修行讓我覺得生活不再虛幻，每天都很實在，一直在進步、成長。

回首過往，我與妙用師兩人同時出家，對我們的家庭帶來非常大地衝擊，我們堅定地選擇出家修行，尋找生命的真諦，在當時是得不到家人的認同。父母親恩是人世間最難割捨、最令人罣礙地真摯情感，我和妙用師以十年的時間加上全然的奉獻，換來家人的肯定與護持。

出家，除了因緣外，需要最大的勇氣！這句話包含的承擔力，我無法以言語來表達。

生命的關照

二○○三年，春天，欣欣向榮地節氣裡，卻蘊藏著彌天蓋地的風暴…在毫無預警的情況下，全球陷入「SARS」風暴。台灣，同樣在這個風暴裡載浮載沈，而我也面臨出家修行以來最嚴苛地考驗。

當年，在人人自危，聞煞色變的大環境中，憂鬱、信任瓦解、疏離幾乎讓人心崩潰，每天出門戴上口罩，僅能自我催眠，下一個不會是我。人心浮動，一顆顆惶惑不定的心、一個個寢食難安的靈魂，對社會所帶來的衝擊與無形的動蕩，遠比SARS本身更為嚴重。在這樣詭譎的氛圍中，幾乎是風聲鶴唳，草木皆兵。

這當下，山上一位女眾法師，在出坡（灑掃工作）時，未著雨具受了風寒，有了輕微發燒的症狀，當天我們帶著法師到醫院就醫，

ΞШ

東西出版事業股份有限公司　收

100
台北市漢口街一段 82 號 3 F　電話：(02)2311-4103
戶名：東西出版事業股份有限公司　劃撥帳號：19187680

姓名：

地址：　　　縣　　　區市鄉鎮
　　　　　　市

電話：（公）　　服務機關：
行動電話：　　　（宅）
E-mail:　　　　　傳真：

□□□－□□

東西圖書讀者服務卡

感謝您購買本公司的出版品

爲提供讀者更好的服務，我們極需您的意見與鼓勵，
請詳細填寫本卡各欄資料，投入郵筒寄回（免貼郵票）
我們將爲您提供最新出版及優惠活動訊息。

■ 您購買的書名：＿＿＿＿＿＿＿＿＿

■ 您購買本書的方式：
　　□＿＿＿＿書店　□講座　□訂閱　□其他＿＿＿＿

■ 您獲得本書訊息來源：
　　□逛書店　□親友老師推薦　□曾收到小東西書訊
　　□廣告DM　□研討會　　　　□其他＿＿＿＿

■ 若舉辦研習課程，您希望的主題是：＿＿＿＿＿＿

＿＿＿＿＿＿＿＿＿＿＿＿＿＿＿＿＿＿＿＿＿＿＿＿＿

■ 吸引您購買的原因：＿＿＿＿＿＿＿＿＿＿＿

■ 您對本書的意見：＿＿＿＿＿＿＿＿＿＿＿

＿＿＿＿＿＿＿＿＿＿＿＿＿＿＿＿＿＿＿＿＿＿＿＿＿

＿＿＿＿＿＿＿＿＿＿＿＿＿＿＿＿＿＿＿＿＿＿＿＿＿

■ 您的性別：□男　　□女　　生日：＿＿＿＿

■ 孩子姓名：(1)＿＿＿＿　　(2)＿＿＿＿

　 生　　日：(1)＿＿＿＿　　(2)＿＿＿＿

■ 教育程度：
　　□國中　□高中　□專科　□大學　□研究所　□其他

■ 職業：
　　□學生　□主婦　□公　□工　□商　□出版業
　　□教師（服務單位＿＿＿＿＿＿）□其他＿＿＿＿

並緊急召開危機小組會議商討，雖然法師是感冒，但依當時的規範，只要有發燒症狀，即應立即通報，所以我們共同決議，依照當時的規範，通報了疾病管制局。沒料到，隔天媒體即登出「靈鷲山，染煞！」的新聞。

當天，媒體蜂擁上山，山上更是接受到關心的信眾，持續不斷地關注電話，讓大家接電話接到手軟…我緊急的打電話，向身在國外的師父報告、請示；原想師父在這樣混亂的、疲憊的狀況下會安慰我，但我聽到的是──師父的一陣訓斥。我的心──Down到谷底。所幸，當天醫院即證實，法師只是感冒，但這一切的混亂與傷害卻是既定的事實。

在危機解除後，我的心仍在谷底，我不斷地問自己：「我到底哪個程序做錯了？我錯在哪裡？師父是為了什麼，要這樣嚴厲地訓斥我？」我心想等師父回國後，便向他提出執事的請辭。

當時，我們在山上舉行法「楞嚴法會」所有靈鷲山四眾弟子，都在為台灣與全球的SARS疫情消災、祈福，我們以慈悲喜捨的心念相互扶持，共同走過災難，希望以佛法的正向能量安定惶惑、浮動的人心。

有一天，我剛持完〈楞嚴咒〉站在觀海台，我定定地看著人平洋，在海天相會的地方，一艘漁船正朝著港灣駛進。我看著被漁船

劃過的大海，那道白色的切割線，隨著船的前進，無聲無息地消失，了無痕跡，好像從來都不曾存在。

我問自己：「為什麼師父對我的訓斥，已經事過境遷，卻依然烙在我的心上？依然無法放下？」

我靜靜想，從出家到現在，師父對我的教誨，就是要破除——我慢。我的心漸漸地明朗起來，輕輕地，放下了。對於師父的教育，坦然面對。

因為執事的關係，我需要到四處去關懷，這樣的因緣讓我與社會各階層的人們有很多很親近的接觸。印象最深刻的一次是到一個拾荒的阿婆家去，阿婆的家很小、很亂，瓦楞箱從家裡一直堆到樓梯間，上樓的樓梯非常狹隘、昏暗，再加上堆滿紙箱，空氣中有一股鬱悶的氣味。阿婆看到我們，非常地歡喜，很客氣，歷經風霜的臉上，滿是笑意。我們擔心著，她一個老人家，如何過日子，她卻很樂觀地說：「就是過日子嘛，老老實實的一天過一天。」

聽到阿婆的話，我的心裡很感動，沒有埋天怨地、沒有過多的奢望，就是老老實實的過日子，這就是生活的淬鍊。在阿婆的身上我看到了「老實做人」。這是祖師大德智慧的訓示。我想，即使我們來的再勤快、投注再多的關懷，也沒辦法替他們過日子。倒是他們對生活的韌度與堅強，給了我們相當多的啟發。

　　一直很感恩,感恩眾生以他們的生命,呈現出各種面相,不斷地提點我不忘隨時自我觀照。這就是師父所說的:「自利、利他不二」「工作即修行,生活即福田」。兩句話言簡意賅,篤行之方知當中的智慧。

　　編按:法雲公嘗有偈曰。明暗兩忘開佛眼。不繫一法出蓮叢。真空不壞靈智性。妙用常存無作功。聖智本來成佛道。寂光非照自圓通。熟味厥旨。蓋大乘了悟之言也。

5

龍吟虎嘯兩相宜

未來生命的成果，是取決於當下的念頭，
以及現在所做的一切。
——妙用師

　　二十五歲那年，準備好要出家時，沒料到二姐也一起來了，這個結果是始料未及的。

　　我與二姐的因緣很奇特，我們的個性南轅北轍，從小就各自過著自己的生活。直到二十五歲那年，我預備出家，家人找二姐觀護，希望我能回心轉意，我在二姐所開的服裝店中與她同住，有了那段時間的朝夕相處，我們開始用「心」溝通。

認識生命 ── 無常與苦

　　從小我的身體就多病、孱弱，祖母是最常照顧我的人，我和祖母很親。我生病的時候不會主動告訴家人，總是忍耐著，而病會自己慢慢蘊釀。每每都是祖母發現我不對勁，她只要看到我的兩眼無

神、兩隻腳軟趴趴地,好像軟腳蝦,她就知道我生病了,這個時候我通常都已經發高燒了。

幫我看病的醫生是二姑丈的爸爸。

只要一看到我來,他總是開朗而親切地笑著說:「你又來看我囉!」

然後,他會張開雙臂把我環抱在他的臂彎裡,每次只要來看他,我就會感到心安、感到病魔無法在我體內肆虐,無形中在我內心裡,漸漸地養成對他深深的依賴。然而,他卻在我四歲那年忽然往生,我無法相信他真的死了。

記得家人帶著我前去弔唁時,沿途媽媽都說,要帶我去看他。

我心裡想著:「死是什麼?陳醫師死了嗎?他將要去哪裡?」對他的死亡我真的沒有心理準備。

當我們來到喪家,我還來不及走近,就被眼前懸掛著的白色布幔嚇到了,心中感到無比的恐懼,不肯進去靈堂。媽媽認為我那麼倍受疼愛與照顧,無論如何都應該去見這個愛護我的長輩最後一面,但是,我實在很害怕,恐懼到了極點,但,最後還是被媽媽給勸了進去。來到靈堂拈香之後,我已經到了極限,沒想到,他們還帶我

到棺木前，我呆若木雞地看著我愛的人，蒼白地、直挺挺地躺在棺木裡。

為什麼，那麼健壯、開朗的一個人，說死便死？他那麼健康都會死了，我呢，我這個病懨懨的屏弱身軀，對未來又有什麼把握。另外，我對自己有份不解，為何陳醫生活著時，我那麼喜歡他，而一旦他死亡，我卻剎那間對他產生無限恐懼，我在怕什麼？是那份對生命的不解嗎？當時的我，有點不能原諒自己，我自責為何對自己所愛的人離去，竟然是如此的害怕與恐懼。

沒老沒小

家中有年長的曾祖母（七十多歲）我默默地觀察她，並情不白禁地問：「阿祖，您怎麼長得那麼醜？臉上的皺摺怎麼那麼多？人也站不直？頭髮又是白色的？」

阿祖拍拍我笑著說：「憨孫，這就是老啊，阿祖老了。」

「什麼是老？」我問。

「老就是老啊，每個人都會老的。」阿祖咧著嘴笑著，滿臉的皺紋，看起來更醜了。

「我也會老嗎？」我決定打破沙鍋問到底。

「會啊，妳也會變老。」當時的我實在無法想像並接受這樣一個答案……

有一天我也會跟阿祖一樣變老、變醜，我內心很疑惑也很恐懼，我也會有那麼一天。

我是一個喜歡獨處的小孩、喜歡觀察一切事物，對一般同年齡孩子的遊戲沒啥興趣。有一次我獨自一人坐在庭院的沙包上，看著天上變幻莫測的雲朵。遠遠地一群小孩，玩啊玩的不知何時竟玩到我身邊來了。小孩們嬉鬧著爬上沙包再從沙包上跳下去，一群人不斷地吵著、鬧著、重覆著這個動作，玩的不亦樂乎。這時有人慫恿著我也跟大家一起跳、一起玩，我覺得這個遊戲很無趣，不管他們如何起哄，就是不予理會。

最後大家群起而上圍著我喊：「膽小鬼，膽小鬼！」

我仍坐的定定的不為所動。忽然間，有個小孩從背後推了我一把，我便從沙包上一頭栽了下去，不偏不倚地在下巴上撞破了一個大洞，鮮血直流，人也昏倒在地上。

霎時，我經歷了一種前所未有（身、心分離）的體驗。「我」看

到自己流著血；家人從房子裡頭衝出來，小孩子一哄而散，家人著急地把我抱起來帶到榮民醫院去；醫生開始處理我的傷口，在清理過傷口之後，「我」看著醫生拿著針與線幫我縫合傷口，正當「我」看得十分入神，一陣痛楚把「我」帶回到「我的身體」中。在我幼小的心靈裡充滿著好奇，暈倒受傷的身體是我，能看著我的身體的又是什麼？

記得國小時，得悉姑媽喜獲麟兒的喜訊，全家人都為此事歡喜不已，可是數月後，Baby往生了，喪子之痛讓姑媽痛不欲生，全家籠罩在一片愁雲慘霧中，當時的我非常不解，為什麼「那麼小的生命」會突然結束？為什麼人的出生是那麼讓人歡喜，而死亡又那麼地令人痛苦？生命為何那麼短暫，並不是人人都會變老、生病才會死，生命真的很脆弱，不知什麼時候就會突然消失掉，如果身體死了，就什麼都沒有了，那這生命真的很無常，需要好好把握！當時我便在日記上寫下：「珍惜生命，把握現在。」

探索生命

在求學過程中，我因生理痛，痛到暈厥。學姐揹著我送我到醫院去，途中我悠悠轉醒，身體的疼痛讓我想先到廁所去，而我卻在廁所裡二度休克，整個身體——砰！的一聲，重重地跌落在地板上，我又再次地經歷身、心分離的體驗。「我」看著自己暈述的身體被

抬到急救的推車上，緊急地被推往急診室，在推進急診室的途中「另一個我」一路緊緊地俯視我的身體，經過急診室的兩扇門，來到急診台上，我再度看著醫師為我急救。

急救的過程中，心中自問：「躺著的暈迷身體是我，那在上面『能看』的又是誰呢？」頓時，我對在上面能看的這個「我」感到極大的興趣，生命到底是怎麼回事？當然，不久之後我又回到那個很痛的身體裡去了。

有一段時間，我成了同學們的「張老師」，許多同學會找我傾訴內心的煩惱，我總是靜靜地聆聽，並為她們提供建議、排憂解悶。漸漸地，我發現大部分的人是一再地陷入相同的困境中，痛苦與煩惱無非是課業、男女感情等問題，而這一切問題的源頭都是自己。大部分的人是選擇逃避問題，自憐自艾、自暴自棄、責怪別人，而不是試著去面對問題、解決問題、面對自己、改變自己的想法與不好的習性。這份體認讓我對「心」有了更進一步的好奇，想去探討它。

進入社會，考進由日本集團經營的飯店服務，職場上，大家都非常敬業，來自各地的人，想法、態度、個性當然不同，但在公司的教育訓練下，大部分的人都有一定的表現，服務業的工作，講究「用心」與「服務品質」。我非常喜歡工作中的挑戰。

「有埋」？「無埋」？

老闆説：「顧客永遠是對的。」

如何站在別人的立場、沒有對立的想法，讓我體驗到「無我」的服務才是最好的工作之道。工作了一年之後，我掀拒了另一家飯店的挖角，也一併地辭去飯店的工作。離開繁華的台北，加入了公務員的行列——觀光局東北角海岸風景特定區管理處任職，並於七十三年四月一日（愚人節）正式上班。

喜歡生命

在東北角的工作，是我一生中很美好的回憶，志同道合的工作伙伴、喜歡大自然的同好，都讓我著實地享受到這份難得的機緣。感恩處長的提攜，讓年紀正值青春的我們，有很多的機會學習與觀摩，打開視野、完成使命。

我的辦公室位置正對著靈鷲山，經常看到靈鷲山頂頂著白雲，覺得美極了，很想上山去看一看。終於，有機會上山。第一次遇見師父，師父剛圓滿斷食閉關兩年，出關不久，面容清瘦、蓬頭長髮，還留著鬍子。見到師父，我沒被他這般模樣給嚇著，反而在他身上看到平淡、柔和、歡喜與一種無法言喻的熟悉，這種熟悉的感覺，彷彿親人一般。

師父見到我，親切地道聲：「好。」

看著師父整理環境的神情，是專注與輕鬆的，這讓我怡然自在地在一旁看山看水。來到東北角工作，讓我有回到故鄉的感覺，回到靈鷲山，竟有回家的感覺。第一次上山的印象非常美好，日後，就不定期的上山、遊山。

到東北角的第二年，觀光局東北角舉辦觀光盃釣魚比賽，而這天正好是我的二十二歲生日。從清晨到日落，眼見著參賽者如何下

餌、等待上掛鉤、高聲歡呼，一條一條的魚放在評審桌上，而魚兒
在驚慌失措中，不停地掙扎，掙扎到最後一刻停止跳動為止。這一
幕幕景象，在我腦海烙下深刻的印象。

我不禁思惟著：「魚兒在水中的悠遊自在，有如小鳥在空中飛翔
的自由，牠們愛護生命，恐懼死亡的心，與我們並沒有兩樣。」

我想著：「人世間有太多的誘餌，名、利、愛情…那天我也會像
這些貪癡的魚般，為食名、利、情的餌，貪逐其中不知引來的是傷
身之禍。」

想著：「魚兒無常的生命與自己未知的生命，生命到底是怎麼一
回事？生從何來？死歸何處？」

當天，媽媽貼心地託人帶來生日蛋糕，為我慶生。而餐桌上，煮
滿今日比賽的魚，我此時看到的景象——魚兒竟如死屍。不忍之心
油然生起，而二姐（常存師）那天上山竟然皈依師父，並代我填寫
皈依證，順道帶下山來給我。拿到皈依證，心中有一絲絲安定感，
並決定慶生之後上山找師父……

上山後，見到和善親切的師父，我無法抑止內心的苦悶，對生命
無常的恐懼與不解，讓我對自己的苦悶無法排解，我忍不住涕泗縱
橫…師父耐心地陪伴在旁、法師們善解地不停地為我抽衛生紙…而

我的內心是百感交集，卻始終說不出一句話來，只是不停地哭泣，足足有一個鐘頭，這一哭將我內心多年來的疑惑、不解、苦悶一次發洩完，淚水方停，心也跟著平靜下來。

師父輕輕地說：「黃小姐，請您把您的煩惱與痛苦供養給我！」

這句話給了我無比的震憾，這是前所未有的體會！

我思惟著：「凡人，想要擁有世間一切美好的事物，而畏懼失去，並期許獲得幸福、美滿、成功的人生，而聖者（我眼前的上師）卻慈悲地想著讓眾生離苦得樂，這是何等地不一樣啊！」

我環視著簡陋的、待建的靈鷲山與清瘦的師父……

「出家人看似什麼也沒有，而身上流露出的卻是滿足、自在與富足。反觀擁有一切的我，卻如此匱乏、不快樂，這其中的差距與問題是在於我不認識生命、不知生命價值與意義，不知如何去喜歡生命、奉獻生命，想到此，我發現人因為無知貪欲、自私，所以想佔有一切，求不到就苦，人只要生起慈悲心，能幫助別人，從關懷、服務與付出中就可以看到生命的價值。更何況人世間，一切有形有相的東西都會壞滅，包括想法亦是變異不定，前一刻那個痛苦感受，此時此刻已經消失殆盡。」

　　思惟至此，當下的我立下一個願——希望有一天亦能如師父般，為眾生解惑，並下定決心，用心學佛，改變自己。

生命的自轉與公轉

　　由於釣魚比賽的因緣，皈依三寶、學佛至出家，這一切皆是水到渠成。

　　學佛前，想都沒想過「出家」。皈依學佛後，也未曾想過要出家，只是認真面對自己，面對自己的習氣，如何消融？如何改變？所謂：江山易改，本性難移。真正要改變的是自己。但，心如何去察覺呢？佛法，就是幫助我們將思想導正，用察覺的方式，把不好的習氣一絲一毫地捨去。

　　譬如，過去我總執著希望，一切萬物都能永恆不壞滅，而師父卻說：「無常才是真理，一切萬物，因緣而生，因緣而滅。」

　　用察覺的方式去觀察世界無一物是可以長久不壞的，過去我因執常（有）而苦，察覺清楚，就能夠真正放下。師父的教化總是出其不意地將我陳年的塵埃，一掃而盡，而將佛法帶到職場，更是讓我如魚得水、悠遊自在。學佛所帶來的喜悅與自在，讓我將視野慢慢地擴大。過去，根深蒂固的「自我」觀念，漸漸地被慈悲無我所取代，聞法思惟法義下，將佛法實踐在日常生活中，慢慢地在心田裡

滋養出，想過清淨僧團生活，想將身、心奉塵刹，以此報答父母恩、師恩、眾生恩。

當我生起出家修行的念頭時，被當時一位同事識破，她追問我：「妳，是否有出家的想法？」

我回答：「若有因緣，我期許我能出家。」

同事搖頭望著我：「妳不適合出家，最好打消這個念頭，還是嫁人過幸福美滿的人生，比較適合。」

當時她的直言，讓我更加留意自己的習氣，並暫時打消出家的念頭，轉為探討自己有什麼習氣？又該如何去面對自己的習氣。在家的我，為滿足自我成就，努力打拼，而擁有的世界除了愛我的家人、朋友外就是職場上的同事朋友與我那尚未可知未來的家。而觀察山上的法師們，生活那麼簡單、那麼樸實而對眾人又那麼慈悲，以歡喜心廣結善緣，並分享學佛經驗，不分親疏貴賤、種族、國界都是那麼平等地在對待。他們工作的時間並不比我們平常的上班族短，法師們花了很多時間去幫助信眾解惑，剩餘的時間則用來自謀修行，如持〈大悲咒〉一○八遍；禮佛三百拜；禪修二至三小時；閱讀經藏等等。

看到法師們的精進慈悲、充實的生活，讓我體會到在家人過的是

猶如地球般自轉的生活，而出家人過的是宛若太陽公轉的生命，他
們將生命的光與熱，奉獻給週遭的人，能帶領眾生走向幸福，過喜
悅、自在的生活，至此，我悄悄許下心願──此生能出家。

出家，奉獻生命

此時，人生的路變的寬廣，而父母、朋友對我的愛，已轉化成為
我對大眾慈悲的原動力，我的人生選擇，除了嫁人外又多了一條可
長可久的菩薩道，一條可發心將佛法傳承，承先啟後的大道。

下定決心。我選擇捨下我熱愛的東北角工作與東北角的摯友，並
放棄原先的計劃──登玉山峰頂。進而轉向心靈的故鄉──靈鷲
山。

辭職回家，面對家人如何啟口要出家？我因喜歡生命、因願力走
向出家，而家庭親情的溫暖、事業的順利…這一切都成為出家最難
的關卡。母親包容我學佛、茹素，面對她關愛的眼神，我無法讓她
理解，學佛為什麼一定要出家。

在嘗試幾次後，我發現與家人認知差距實在太大，只好先搬到二
姐（常存師）的服裝店「隱居」下來，也因此與二姐之間有更多互
動的空間。我們常在服裝店打烊之後，躺在床上聊到天亮，她常問
我許多問題，我也把我的想法全盤地與她分享。慢慢地，我發現她

從對我出家不表示意見，到後來也決定走向出家的路，這是我始料未及的結果。

離開職場近一年後，始終沒有上山剃度，一日上山夜深人靜，我一人獨坐大殿，望著臥佛，潸潸淚水濕了衣襟，我的心在吶喊：「為何無法出家？理由何在？請佛開示。」

我看著籤詩上寫著：「失意翻成得意時，龍吟虎嘯兩相宜…」

我屬龍，那麼老虎是誰？在哪裡？

直到二姐下定決心並告知時，我才恍然大悟，二姐屬虎，整整遲了一年，原來就是在等她。

我與二姐同一天出家，應是宿世因緣，或許真的有前世約定這回事。

離開養育的家，來到心靈故鄉 —— 靈鷲山出家。從自我的生命啟發到體驗無我的生命，「奉獻生命」是出家後最深刻的感受。師父啟發我們，讓我們學習面對自己，覺悟生命及發願為大眾服務，奉獻生命成為我生命的主軸，在服務付出中，我看到生命的價值，在修行觀照中，看到生命的意義。原來生命是可以這麼富裕、可以源源不斷的付出而不枯竭。我們真正需要的真的不多，可以付出的真

的很多，如何讓人懂得擁有生命的可貴？

擁有生命，我們可以學習一切事物，增長智慧。

擁有生命，我們可以做一切的善，令人歡喜自在。

擁有生命，我們可以斷除一切壞的習慣，淨化自己。

擁有生命，我們可以發願讓自己的生命，發揮光與熱。讓人們奉獻生命，覺悟生命。

出家，是一條覺悟生命、奉獻生命的路，人生難得，生命無常，佛法難聞，善知識難求，唯一能把握的就是當下。

未來生命的成果，是取決於當下的念頭以及現在所做的一切。

怪怪的小孩

6

出家人在做事的時候，
更要時時觀照不忘修行。
——廣純師

　　我應該算是一個奇怪的小孩吧！常常問媽媽一些令她很頭痛的問題。這些問題，媽媽也無法幫我解決。因此，只要走在路上遇到托缽的法師，媽媽就會把握機會，上前去請教該如何教育這樣難纏的小孩。

來到靈鷲山

從小，我就會問些許多人都覺得無聊的問題……

「太陽為什麼到了晚上就要下山？」

「我從哪裡來？」

「人為什麼有死亡？」

「人生，為什麼是一天過了接一天，這樣的生命有什麼意義？」

小六時，媽媽帶著我接觸了佛教。

媽媽常帶著我到各處的寺院去參訪，第一次在寺院裡就住了兩個月，寺院讓我有份安定感，後來只要到了寒暑假，我就會到寺廟報到，尋找那份安定感，一直到國中為止，當時最常去的寺院是土城的承天禪寺，當時廣欽老和尚還在，我也只是個小女孩。

從小我就有看雲的習慣，喜歡看雲的變化，我的個性悲觀，和朋友之間的緣份也很淺，從小學到高中畢業，沒有一個朋友是保持聯絡的，進入社會工作後，和老闆也常常無話可說。

國三時，媽媽聽說福隆山上住著一位有神通，會看三世因果的師父，就帶我一起上山。第一次看到師父就想哭，那種感覺就像看到許久未見的親人一樣，很感動。

我告訴師父：「我不是很喜歡哭的小孩，為什麼我看到你會一直哭呢？」

師父說：「那是因為妳沒有常常看到我，只要常常看到我，就不

會哭了。」

高中畢業之後，想去唸佛學院，填寫申請表時需要皈依師父的簽名，於是我就來到山上找師父。

師父說：「要不要來山上住住看，如果住得下來，你再去唸，住不下，就不要唸了。」

過了幾天，我就上山了，上山之後，是由恆傳師帶著我早晚打坐，並在大殿和齋堂幫忙，有一次在大殿清掃時，旁邊正好有法師談起：「有些人天天直嚷著要出家，結果還是不了了之。」

我心想：「出家好像不是什麼難事，我來也可以啊！」

所以我隨口說：「喔！他們不出家，那我出家好了！」其實當時我根本沒有出家的念頭。

沒想到法師接口說：「好啊！你去跟師父說去！」

我真的放下手中的作務，跑去問師父：「師父，我明天出家好不好？」

師父走進寮房好一會兒，走出來時說：「好啊！可以。」原來師

父是去翻了農民曆。當時我已在山上住了兩個月。

我十八歲就出家了。父母親對我的瞭解,是直到我出家之後,看了我的日記,才知道為什麼我會出家。

因為我年紀太小,才十八歲,很多法師都問我出家的原因,深怕我只是一時衝動。傍晚,我打了一通電話告知父母,父母在電話那頭警告我不要亂來。

次日,爸媽上山後只告訴我:「要好好地想清楚,這是一輩子的路。」他們真得沒再說什麼就讓我出家了。

後來聽說父母整整的吵了一年架,原因是媽媽帶著我學佛,爸爸罵了她一整年。雖然如此,我覺得爸媽是講理的父母,他們對於我要出家的事並沒有阻撓。

我曾告訴媽媽:「來世還要再當您的女兒,您再讓我出家。」不過,媽媽並沒有回答我,我看得出來,父母親的不捨。

五年又五年

出家後的前五年,自己不是很安定,因為還找不到修行的方法,不會和人相處。因為年紀輕,沒有工作經驗,頻出狀況,所以常常

被師兄們又管又唸，那時候師父常常安慰我，每次聽到師父的安慰心情就會轉好。

師父告訴我：「要學習包容。」

他說：「如果我們的心量很大，這些逆境就不會傷害到我們。」

聽了師父的法，煩惱就煙消雲散了。等到下次逆境再發生時，又開始覺得煩惱，周而復始的已經變成了一種循環。當時是出家之後的第三年。

我心裡想著：「如果到了第五年，還沒辦法開悟的話，我就要回去了。」

接下來調了執事，我被調去擔任師父的侍者。沒想到，跟在師父身邊卻被師父罵得更慘、管得更嚴峻，常常一頓罵就可以讓我難過一個禮拜。

侍者的工作是打理師父的一切生活所需，我既沒有工作經驗，更沒有當過家庭主婦，許多生活上的瑣事實在無法想像，經常鬧笑話。記得有一次幫師父準備出國的行李，當時台灣正值夏天，我所準備的都是輕薄的衣物，沒想到師父一到國外，因為日夜溫差大，才發現行李中沒有任何禦寒衣物，結果害師父在當地凍得要命。

師父回國是一頓罵！到了下一次師父出國時，我心想不論去那裡，春、夏、秋、冬一股腦地備齊了各式衣物，就怕準備的不夠周全。結果，又害得師父拖著過重的行李南奔北走，回國後又是一頓罵…我就在這些雞毛蒜皮的小事中一點一滴地開始成長。

侍者

師父每天都必需接觸很多人，跟在師父身邊的我，就有很多狀況要面對，隨侍在師父旁邊要很小心地觀察，不僅要照顧師父，也要照顧到周遭的人，因此自己的心情是需要很快地做調整。師父從來不會拒絕任何一個眾生的需求，不論師父走到那裡，都會有很多聞風而來請教師父的信眾。有時信眾因為佔用了過多的時間，我就會自作主張地幫師父拒絕掉一些自認為不必要的事項。

為此，師父很嚴厲的訓斥我：「你是我的侍者，你不是來管我的，你要清楚你的角色。」經過師父的提醒，我才意識到原來自己反客為主了。

每個人都喜歡師父，只要見到師父都希望能和師父多說些話，或是跟在師父身邊。身為一個侍者，剛開始真的只有「壓力好大」可以形容。跟在師父身邊受到師父教育的機會非常多，心若調得好成長也非常快。

剛開始擔任侍者，因為大大小小的事情常常被師父訓誡，心情很苦悶，始終找不到讓自己快樂起來的方法，甚至壓力大到每天都很不想去工作。

有段時間，我心裡常想著對師父說：「如果覺得我不適合當侍者，就乾脆換掉我算了，這樣師父您也省得看到我就生氣。」但是想歸想，每天還是得提起精神，去面對一切。

將近兩年的時間，我才找到方法，這個方法就是 ── 用師父的法去觀照我的心。師父常講「空」、「無常」，我就認真地去看什麼是「空」，什麼是「無常」。剛開始，師父的訓誡讓我覺得非常刺耳，這些聲音就像是燒紅的鐵般地烙在我的心上。

我告訴自己：「不要去想的話，是不是我的心就不苦了？」慢慢地我發覺到我的心是可以轉變的，我的煩惱升起到消融的時間，從一個禮拜變成三天，從三天到一個鐘頭，最後就不怕被念了。

又過了幾年，師父才跟我說，罵我是為了讓我習慣，不要在意別人的指責，這也是鍛練自己修為的方法。從我二十四歲專任侍者開始，被師父罵了五、六年的時間，直到現在，該想通的、該知道的、該學的都清楚了，才很少被唸。

可有一次師父說，我變皮了，他說的話我都沒聽進去。

甚至有一陣子師父對我說：「你不堪受教。」

師父的意思是說：「你不是個學法的人。」

這句話對一個修行人來說是一句很重的話。我聽了很難過，又開始思考，再度陷入起起伏伏的情緒裡，直到我的心離開這些音聲與印象，發現能夠不再去受到「感受」的侷限後，我又走出來了。這時才知道修行人對自己的心要很警覺，隨時都要知道該抓什麼、要放什麼。

師父的法就是「般若」、「離相」，剛開始我一點都聽不懂。

師父説：「金剛經云：〈一切有為法，如夢幻泡影，如露亦如電，應作如是觀。〉」我真的聽不懂！經過了幾年，才慢慢的知道師父的法是從「般若」下功夫。生活中任何的喜、怒、哀、樂都是剎那間轉眼成空，不會停留。

我常常探討該如何將「空性」運用在生活上，如何去解決煩惱。對這樣的中心思想，一般人可能無法體會，如果自己沒有實證經驗的話，便無法將「般若」的中心思想，很有次第地説到讓人聽得懂，説來道去就只能在「離相」、「空」上面打轉。所以，我開始讀經、律、論，之後再來闡述這個根本時，就比較能夠引申了。

小小螺絲釘

在專任侍者近十年來，經歷的是師父愛的教育與嚴峻的教化，這當中冷暖的落差曾讓我心力交瘁。

尤其有一回在大殿上，師父當眾罵我：「你是豬啊！你這個笨蛋…」

我楞在當場心中無聲的吶喊著：「我不要做事、我不要做事！」

現在想想不禁好笑。因為每做必錯，每錯必罵，是真得很難調伏自己一無是處的處境。無法言語的挫折與沮喪，無形的激勵著我向

更深層的心靈去做探索，我開始學會用佛法去思惟。

「為什麼會苦？」

「要如何才能不苦？」

「出家修行又是為了什麼？」

漸漸地學會用佛法來釐清事相，漸漸地知道煩惱是從「想」和「希望」來的，就在生活中開始做「離相」的工作，隨時觀照、不斷的檢測自己的心，一次又一次的破除「執著」直到沒煩惱。

修行，是為了要幫助眾生，想要幫助人就要自己沒問題。自己的心都沒辦法觀照好，是無法去安頓另一顆心的。師父的法，就是「般若」、「離相」教我們如何在生活中去實踐，只要老老實實的照著做就會沒煩惱。修行人過的是團體生活，每個人只要認份地把自己小螺絲釘的角色扮演好，那整體的力量就會張顯出來。出家人在做事的時候，更要時時觀照不忘修行。

$$\lim_{n \to \infty} a_n = \lim_{x \to \infty} f(x)$$

$$\lim_{n \to \infty} a_n = 0$$

以科學的精神修行

學法者只有一件事要做，
就是傾自己的生命去證明佛陀的話是真的。
——恆明師

我是崇尚理性者，常認為人要聰明一點，不要搞迷信。出家那年我二十五歲。

當了「電磁學」 讀了《六祖壇經》 就皈依了

一九八五年四月五日那一天，我和一些同學第一次上山認識了師父。因為苦行閉關的關係，師父的頭髮和鬍子都很長，褲腳也沒綁，與印象中的「法師」不一樣。

最令我印象深刻的是，師父總是很少講話，有時候問一個問題你就要等很久，可是突然之間，師父又回答起你許久之前所問的問題。想不透這一段時間裡師父在做什麼，之後只好自己猜測：「這段時間裡，師父在禪定。」

當時對師父的第一個印象，覺得這個法師蠻不錯的，不講話則已，一講就會講很多，但是對於剛開始學佛的我，卻是聽得一臉茫然。即便如此，還是覺得他與一般法師不同，一般法師會引經據典來說法，而師父是用一般較親近的字眼從比較特殊的觀點切入，感覺上師父所說的東西都是經過完全地思考後才說出來。

生性鐵齒如我，並沒有在一開始就皈依師父，先觀其言、察其行後，覺得他可以成為師父時才皈依。在那段期間，我每個學期都會上山兩次，後來反倒是弟弟先皈依了。

到了大二期中考的某一天，因為「電磁學」很難，而我又是臨時抱佛腳，所以讀得非常苦悶，心想這一科穩當，於是決定放棄，乾脆拿一本《六祖壇經》出來看，看得非常快樂，考完電磁學後就上山皈依師父了。

轉捩的一年

大三以前要我出家那是不可能的事，因為我找不出任何可能的因素。可是大三那年因緣到了，出家的念頭開始現前，覺得出家真的是一條路。

既然要出家就要光明正大，於是我開始用旁敲側擊的方式跟爸媽溝通，直到大四畢業預定出家的心意已定，卻和爸爸無法談攏。

爸爸說：「如果你要出家，我就不認你這個女兒！」

與父親談不攏，我打電話找師父。

我說：「師父！只要你一句話，說一句『我絕對度得了我爸爸』的話，我現在就出家。」

結果，師父跟我說：「自己的事情要自己解決。」

經過思考，如果要自己解決，那就再等一年吧！

畢業後，我就去電子公司上班，對我而言那是非常重要的一年。

一去上班，我的主管就給了我很多工作，原來，那個主管看中我，未來接他主管的位置。因此便從早忙到晚，直到年底，發現自己把整天的時間都給了公司，如果想要找到一個時間給自己的話，那就是禪修。於是開始每天半個小時的禪修，那半個小時我都很認真，因為覺得那是唯一屬於自己的時間。

在那段禪修期間，個人有蠻好的體驗。當時師父教禪修很簡單，僅有一個三句話口訣：「腰部挺直、肩膀放鬆、注意呼吸。」當時我的禪修就是這樣練的。

　　觀察一般人過的生命，就女性而言，不外生→婚→子→死四步驟，但自己總不想選擇過一樣的生命，卻又找不出來到底什麼是「不一樣」的生命。曾經想賺很多錢，然後捐給需要幫助的人的生命型態；後來在沒日沒夜的工作經驗中覺得，既然生命要如此投入的話，那為什麼不投入在一個公益性的事業上。那一年裡讓我更加肯定出家是對的。而父母親在我上山住了三個月後多少已經瞭解到我的決心，也有了心理準備。我的出家算是平和的「革命」。

是危機也是轉機

　　出家那一年，山上成立「般若文教基金會」並規劃五大志業。於是從出家就一直忙，常常忙到三更半夜，才拖著沉重的步伐從山下走上山。當時剛好遇上自己的身體不好，走一小段路都要停下來休息個三次，因為我有很嚴重的貧血，每次都要想一堆的方法，讓自己能夠順利的走上山。這個方法是跟修行有關的意念導引法，走上山全憑意志力。

　　早期剛出家的時候，我一直問師父該如何修行，師父當時教的修行方法就是「無常觀」、「空觀」，每次師父教完，自己一下就想通了，過幾天又搞糊塗了。

　　有一次，師父對我說：「我不想再跟你講了，因為你都只是嘴上問問，並沒有認真的去思惟或實證。」這對我而言打擊蠻大的，之後就很少再去找師父問問題了。

　　後來的三年裡，我就把自己放在工作中，每日僅維持持咒與禮佛的習慣，有空就思考該怎麼修行，但仍舊搞不清楚。三年過後，雖然仍舊很想修行，但在生活、心靈的表現上卻離佛法愈來愈遠，並且開始出現對人、對事不耐煩的現象。當時觀察到這樣的自己，擔心出家十年之後還是如此或者更差，於是就在第三年的年底跟師父提出了想要閉關的想法。

已在法中

　　剛出家的前五、六年裡，我的修行觀念跟南傳系統比較接近，就是以「出離心」為核心的修行系統。認為修行要離開群眾，然後要非常堅定地修下去，天塌下來、死掉都是別人的事，只要我有佛法在就對了，所以當時想閉關。

　　師父答應讓我閉關，這在當時算是蠻特別的一件事，後來聽說師父之所以答應，最重要的原因是，他觀察這三年來我雖然在工作中，卻仍然一直思考著修行。師父認為可以閉關的條件來自於，一個人是否具備了百分之三十至百分之四十以上的道心。亦即一天之

中有多少的時間想到修行，他認為我大概有百分之五十以上，因此
執事工作被調回山上。

　　既然要閉關，那一定要先做準備，否則一旦閉關就要接受他人的
供養，到頭來又沒有修出任何東西該怎麼辦。從那時候起我便非常
地認真，每天一張開眼睛（自我意識升起的時候）就是提醒自己：
「如果我現在在閉關，心念應該如何。」

　　於是我的心念就乖乖地在「無常」（師父教授的觀法）上觀照。
時間從那一年的春節開始到了年底。

　　有一天，一位師兄因煩惱而跑來問我：「什麼時候不煩惱？」

　　我整個人忽然愣住了！突然間發現，在那天以前很多事情竟然是
一片空白，完全記不起來我做了什麼事情，所看到的只有真實無常
的顯現，幾乎好久一段時間都在這個法門裡，所以已經好久沒有煩
惱了。於是我知道，關沒閉成，法門卻已了然於胸。

　　當時趕緊將修行的心得向師父報告，並且從看到無常後，進而對
「空」理解。知道自己已經拿到這把開啟正確修行之路的鑰匙，對
佛陀的信任從百分之五十跳到百分之七十，我真的相信佛陀所講的
是真的！

以科學的精神證明佛陀的話

我是崇尚理性者，常認為人要聰明一點，不要搞迷信。從小就對超自然現象及生命何去何從這些問題極感興趣，這也就是我喜歡研究自然科學的原因。但長大後發現，現代科學無法解決生命的問題，便想去尋求宗教解釋，又不習慣一個神會控制一切的宗教，如此造成接近佛教的因緣。

科學的精神是，對於沒有看到的並不代表它絕對不存在，而是抱著懷疑的態度，設定各種理性條件，然後以實驗去證明它。這就是為什麼我對修行有那麼高的興趣，因為想去證明，證明佛陀所講的是真的。

就意識的變化而言，人每一分、每一秒、每一剎那都在做決定。對於修行也是如此，必須隨時去審視自己，每一刻的念頭在做什麼，並且選擇與法門相應 —— 這就是「正念」。「正念」憑藉的是「正見」。佛陀告訴我們的法教就是正見，譬如祂告訴我們的戒律，就是持守的規範，告訴正確禪定修持的方法與狀況，以及如何觀照自我及宇宙真理的智慧，就是戒、定、慧三學。

從這個基礎出發，依循著八正道的條件去走。聖者的教法已清楚的揭示在經藏上，聖者的典範也在時代的歷史中展現著，而我們學法者只有一件事要做，就是傾自己的生命去證明祂的話是真的。

我在找　我自己

當自己可以很實際去面對自己時，
多年來苦尋不到的自己，其實遠在天邊、近在眼前。
——妙足師

　　我二十四歲出家，但打從十八歲開始，我就想出家。

　　我是一個早熟的小孩，小時候一群小朋友在一起玩的時候，就很容易看到曲終人散的一幕，當時心情就會莫名的沈靜下來。我喜歡做一個旁觀者，觀察周遭人與事的變化，幕起幕落、周而復始，人生是一齣戲，一齣演不完的戲。除了是一齣戲之外人生有什麼意義？生命的價值呢？大人們都覺得我自尋煩惱，日子不就是這麼過的嗎？

我的志願

　　幾乎每個小學生都寫過一篇作文「我的志願」，從小我就選擇當我自己，我只想做我自己，但是我無法描述那個自己到底是什麼。

「到底我自己是什麼？」我也不知道。

這個念頭不斷的在腦海裡閃過，直到長大，也沒有找到真正的答案。

我可以算是一個有理想、有抱負的年輕人。進入專科就讀，一頭栽進社會服務社，服務性的工作對我來說是非常具有吸引力的，我喜歡透過不同的方式來幫助人。我也喜歡看書，常常上圖書館，也許我這個人真的比較無趣些，上圖書館找書，大部分也都找勵志類的書籍。就這樣很自然地接觸到了《佛教聖典》當時我被書裡的一句話震攝住……

這句話是：「一切的快樂與痛苦都來自於心。」這也是我對佛法的第一個印象。

專三期中考，班上有個同學突然發燒送醫，意外的是，兩、三天後傳來同學往生的消息。考完試，班上同學一起到殯儀館去捻香，我記得當時的我非常悲傷，是沿路哭著回去的。說起來這個同學並不是跟我特別要好，讓我傷心的是一股強烈的惋惜，一個年輕的生命說不見就不見了，沒有人可以掌控生死！連自己的命也不行，我為這樣的不確定，感到難過。

發願出家

我有兩個佛教徒姐姐，只要有機會她們就會要我學佛。

我心裡想的是：「為什麼要學佛？」

「什麼樣的原因我非學佛不可？」

我問姐姐們一個我解不開的問題：「觀世音菩薩，大慈大悲、救苦救難；耶穌說 —— 神愛世人，但，為什麼這個世界依然苦難不斷？為什麼觀世音菩薩、耶穌基督都不去救這些人呢？或者是他們也救不了？」

姐姐們也才剛學佛，無法回答我的問題。我，得不到滿意的答案。但是，她們始終不放棄要我常念「阿彌陀佛！」

有一回，同學向朋友借了一部新的摩托車載我回家，沿路上，我們邊騎邊聊天……

我說：「真不要命，你給我戴上安全帽，等一下出車禍看你怎麼辦！」

話才說完，摩托車便撞上電線杆，我也從後座飛了出去。在我的

身體被彈離摩托車的那一剎那，我很平靜，腦海裡閃過的第一個念頭就是「阿彌陀佛！」

原來，即便不經意「阿彌陀佛」已經烙印在我的腦海中了。

在被送往醫院途中，我的意識慢慢甦醒，第一個感覺是——我是一個人面對死亡。

出院後，姐姐帶我去皈依，我也不再為反對而反對。比較值得一提的是，原本只是皈依，我卻在佛前發了一個連我自己都嚇一跳的願——我要出家！我不懂佛法、不認識誰是觀世音菩薩，在皈依時我跪著祈求的卻是——觀世音菩薩。

我對著心裡的觀世音菩薩說：「觀世音菩薩，我要出家，我今生一定要出家！我現在還在唸書，心智還不夠成熟，這個心願，我怕自己會忘失，請在我迷失的時候提醒我。」

這是我皈依時所發下的願。

爸爸說：「法師，我請你吃飯！」

從認識靈鷲山到出家，只是很短的時間，仔細算算可能不到三個月。

　　說實在的，我對山上雖然認識不深，但那種感覺就是 —— 這裡就是我的家，見到法師就像見到家人，很親切，一切都是那麼自然。

　　之前，就計劃著去唸佛學院，但是心裡非常的清楚我不是需要知識性的理論，我需要的是實際的修行，接觸山上後，我告訴自己時間到了。從山上回家之後就開始整理家當，把書、衣服…能送的都送人。

　　剃度後的一個禮拜，家人都還被蒙在鼓裡。我很堅持地告訴法師們，我可以獨自面對我的家人，懷抱著這樣的信心我一個人光溜著頭回到台中家中。結果，我爸很生氣！

　　他劈頭就罵了一句：「枉我養你二十幾年了，你怎麼可以這樣無情無義。」

　　我說：「不會啊！我出家後還是叫你爸爸，又沒有斷了關係。」我試著用一種輕鬆與理性的態度去面對家人。

　　我告訴爸爸：「就算嫁了人，婚姻幸福美滿，一生也只能夠服務那麼幾個人。但是，出家不同，一樣的生命卻可以服務更多的人。出家是我自己要走的路，如果事先告訴您，也許我一輩子都出不了家，所以才會在剃度之後才回來找您，這是權宜之計。」

爸爸說：「你沒弄清楚我生氣的原因，我並非不同意你出家，只是希望你能尊重我，至少我這個做爸爸的可以幫你檢驗道場。還有，你非常年輕，我擔心你可能只是一時的感動或迷惑，出家只是一時的衝動。」

我告訴爸：「很早很早以前，我就想出家了，我堅信修行的道路，我在意的是我的上師能不能帶我走向解脫，我尋尋覓覓認真找尋的是我一生所要依止的上師。」

爸爸說：「如果真的要學佛出家，就要做一個大法師，我願意送你到佛學院接受正統的佛法教育。」

我說：「我需要的佛法不是知識性的，是要能夠真正帶入生活的修行。」

爸爸終於是鬆了口，他問我需不需要帶些錢，我說山上是個成熟的道場。最後爸爸終於認定了我的決心不會改變，也滿意了我給的答案。

終於他喊了我一聲：「法師，我請你吃飯！」

學佛是一件實際的事

出家後，我發現到出家前所想的出家生活，還是很憧憬、很想像。真正出家修行之後才慢慢的體會到學佛是一件很實際、很生活的事。

剛剛出家，我嚴守著出家人的戒律，很少講話，不跟人打招呼，做完份內的執事就回自己的寮房。這樣的行事風格予人高傲、目中無人的印象。

師父説：「妙足，修行人，內是羅漢，外現菩薩。」

我看著師父，我想我的表情應該是很明顯的 —— 並無體會。

師父看看我又説：「你對團體要有感情。」

我想出家人要有什麼感情，清心寡欲、斷煩惱都來不及了，為什麼要有感情？

在山上幾乎每個法師都有執事，在工作上，我常和其他師兄弟有不同的意見和想法。

師父最常對我説：「修行人的第一步，就是要降服自心。」

有一次師父來辦公室，我抓住機會問師父：「師父，像我們這麼忙碌，都在工作，功課要怎麼做？在道場的法師，每天都做很多功課，這樣子兩者之間的修行有什麼差異？」

師父沒有給我答案，停了兩秒鐘，他問：「那你覺得呢？最近怎麼樣了？」

我說：「雖然一直在工作，可是我的煩惱變少了。」

師父滿意的點點頭說：「這就對了！」

師父走後我一直在思考，體會到工作時，如果融入佛法，那麼就算再忙碌，心裡都覺得很輕鬆，如果心都在事相上，只知道工作，那麼只是一個認真工作的人而已，又為什麼要出家呢？

出家這些年來，我體會到做事就專心做事，打坐就專心打坐，動靜之間的調整，慢慢的摸索到了。每件事在經過生活的磨練，我漸漸的對「大隱隱於市」有了些些的體會。也漸漸發現，當自己可以很實際去面對自己時，多年來苦尋不到的自己，其實遠在天邊，近在眼前。

八隻小貓

用佛法做社會教育的工作。

——妙諦師

　　我一九九三年五月一日在山上皈依師父，八月份就出家了，那年我二十三歲。我唸的是中興大學統計系。大三時，有位學弟帶我去參加校外的佛青會，皈依之後，才開始認真地加入學校的佛學社團——正覺社。當時，看到一張靈鷲山舉辦短期出家的海報，於是邀集了七、八個同伴一起去參加，活動結束後，又來到聖山寺帶兒童夏令營，接著在八月休了學，就出家了。

無常的示現

　　為什麼決定出家的速度這麼快呢？

　　出家的原因，不是為了學佛，而是覺得人世間真的很苦。不管是聽到或看到，電視、報章雜誌報導的總是一些燒、殺、擄掠的新

聞，雖然這些並沒有發生在我身上，但我卻感同身受這遍佈在社會各個角落裡的苦。這些社會現象多少帶給我一些不安全感。

我覺得最直接的老師，是對世間的觀察。一九九二年秋天，有八隻剛出生不久的小貓被丟棄在學校宿舍門口，大概是母貓外出覓食，這些原本誕生在鞋櫃裡的小貓，就被人裝在紙箱內棄置在門口。牠們在屋外叫了一天一夜，我覺得人類好自私、好殘忍，竟能忍心將牠們如此丟棄！我找了學長商量，一起來養這八隻小貓。我們買了餵貓的奶瓶和貓奶粉，為了替牠們禦寒還準備了電燈泡。

就這樣一個禮拜過去了，有一天，其中一隻小貓咪忽然不停地抽蓄，我們趕緊打電話問獸醫，獸醫要我們別太難過，因為即使母貓也很難把牠養活。後來小貓咪一隻接著一隻死掉了。我們把這五隻小貓埋在樹下，買了紙錢燒給牠們，希望牠們來世能投生到比較有尊嚴的生命，脫離一出生就註定死亡的命運。想想，這或許是菩薩示現，生、死就這樣活生生的在面前上演。

剩下三隻小貓了，我想這樣下去是不行的，心急的我抓起其中較為強壯的一隻，用牠的叫聲去吸引母貓前來。果真有隻母貓，一聽見小貓的叫聲馬上就衝了過來，眼睛睜得大大的叫聲中充滿歡喜。

我對著牠說：「這是不是你們家的小貓？是的話就跟我走！」

我話一說完，母貓立即跟著我到社團去，看到牠們母子相會，聽到牠們彼此高興的叫聲，那一刻，我心裡又感動又難過。

我對著母貓說：「你帶回去養吧！我真的沒辦法了！」

母貓真的一隻一隻地把那三隻小貓給叼走了。當下，我體驗到眾生都很苦，因為感情執著而苦，卻又不自知，生死輪轉就這樣不曾止歇。

老師　還是天人師

直到一九九三年，才有機會認識法師，並把我的問題告訴法師，法師建議我研讀《地藏經》。閱畢《地藏經》才驚覺，原來這些苦報都是因果來的，但是大家全都不知道啊！我好想幫助他們，但是以我這樣微薄的力量又該如何做呢？於是我決定當志工去幫助這些需要幫助的人。

大三出家之前，曾向學弟提起過畢業後想當老師。

遇到法師之後，法師告訴我：「若你當了小學老師，你所教的就只是小學生，不如出家吧，出家人可以教育的對象可多了，不只是男的、女的、老的、少的，連不是人（動物、鬼等）都可以教，那叫做天人師。」

　　接著法師又說：「衣、食、住、行不煩惱，還可以做全職的志工。」

　　我覺得那真是太好了，這更加堅定我未來的去路，但是當時還是認為出家是畢業以後的事。

短期出家

　　短期出家的感覺很殊勝，每天懺摩、懺悔的時候，先懺悔自己的身、口、意所造過的各種業，然後發願，希望能值遇佛法和最好的老師。短期出家的最後一天，我感到身心無比的輕安。

　　於是在心裡偷偷地跟菩薩說：「希望今生能出家。」

　　在此之前，我是不太敢有出家的念頭，參加短期出家也是瞞著家人，連結業時發給大家的羅漢鞋，回家後還得偷偷地把它藏起來。

　　帶夏令營時，看著這些小朋友，心中有許多感觸，我很擔心他們長大成人以後，如果沒有繼續學佛，那真的是一件很苦、很可惜的事，而自己只是一個平凡的人，又何德何能可以教導他們。法師知道我很喜歡《地藏經》還特抽空為我們講解《地藏經》那時候我是對地藏菩薩很相應的。

那就出家吧

覺得自己不可能出家的原因是，我有個男朋友。暑假之後，他去當兵了。

我心裡想：「不趁現在欲待何時？」另一個想法是，如果不趁現在，等我明年一畢業，父母必然會催促著我去找工作，接著就是結婚，然後，就是可想而知的人生過程。

因為小貓，有感於生死的無常《釋迦牟尼佛傳》中的王子放棄了榮華富貴而出家，不止自身解脫同時度了非常多的人，走出家這條路應該是我最好的選擇。

心裡有了這個念頭，耳邊即響起：「那就出家吧！」的聲音，我回頭一看，甚麼人也沒有，只有一個聲音迴盪在我的耳際：「那就出家吧！」

　　算算我們一共有四個人決定同時出家，但是其中有三個都還沒畢業。法師們很擔心，師父要我們先唸《水懺》二十部，先辦休學再出家，但我們心意堅決，想要同一天落髮，最後山上還是沒有同意，我永遠記得那天晚上我們幾個跪在地上，一把鼻涕一把眼淚請求師父剃度的情景。

　　不過，為了挽回我出家的心意，爸爸竟從此蓄髮，他說：「等我回心轉意了，他才要剪掉。」

　　爸爸要連我的那部分一起留，於是爸爸留了一頭長髮還綁了馬尾，直到往生。

社會教育

　　師父如同在照顧幼稚園的小朋友一樣，很辛苦地照顧我們。

　　師父說：「要讓一個剛出家的弟子身心安定，至少要三、五年時間。」

　　出家後，慢慢地自己覺得應該更獨立些，比較認真的在法上修行。我在一九九三年出家，一九九四年受戒，一九九五年開始就比較能夠為道場做事了。

剛出家，都是在調適自己，把自己以前的想法和習氣去掉，可是薰習不夠，總覺得自己一直做不到。有一次，我很認真地去學布施，把自己多餘的東西布施給新出家的同門或在家眾，那種感覺真的很好，覺得很輕鬆，一點也不貪求。於是乎就開心的跑去告訴師父我的感覺。

師父對我說：「除了有形的布施，你還要做一個心的布施，那就是服務。」

慢慢地從實踐當中對法入心之後，才有能量和能力去轉換自己的習氣，這才開始知道該如何去修行，自己固定地作功課、誦經，養成習慣後就產生一股定力，不會再做錯很多事了。

每當遇到困難道心一退，我就會想起當初在「悲願閣」門前苦苦哀求師父讓我出家的情景。然後告訴自己：「這是自己求來、發心來的，怎麼可以不對自己負責呢？」

出家時自我介紹，我很清楚地說：「我要用佛法來做社會教育的工作。」

這是我出家時所發的願。今生有幸值遇佛法，更遇到一位很好的老師並且能夠出家，這樣的福報，讓我更加珍惜，我告訴自己　定要好好把握，好好修行。

想救的 不只是生命

以我最寶貴的心，來服務大眾。
——法幢師

　　學的是護理，一畢業便在醫院工作，在這個行業至少有三年的工作經驗。曾經在台東馬偕醫院待了一年的加護病房，在台北榮總待了一年的急診室和一年的開刀房。因為年輕，想嘗試比較具有挑戰性、比較特殊的單位。在護理業界工作，對於內心世界是有很多的體驗，會走上出家這條路，或許有這麼一點點的因緣。

一個人的童年

　　小時候的我，是在一個不健全的家庭環境下生活的。

　　很小的時候，父母仳離並各自建立自己的家庭，我跟著父親，小時候的生活並不是那麼穩定。由於作息時間不同，幾乎和他們很少接觸，跟父親的感情也很淡薄。

淡薄,不見得是一件不好的事情,如果今天和親人之間的感情很深厚的話,或許出家就不見得是這麼地容易了。

雖是如此,但小時候多少還是有一些埋怨,有一些無法諒解。

加護病房、急診室和開刀房

十二歲之後我便和爺爺奶奶一起住,爺爺受的是日本教育,於是開始了很嚴謹的日式生活。國中畢業,因為考慮到經濟狀況不是很理想,而且爺爺年紀也大了,不希望給家人太大的負擔,因此以半工半讀的方式來繼續學業。

選擇馬偕護校,是覺得那是一個鐵飯碗,一畢業就有工作。另一個原因是──我很怕數錢。馬偕護校畢業之後,就決定到台東的馬偕醫院工作。在馬偕加護病房的那一年裡,讓我經歷到生命的變化無常。

護理工作是二十四小時輪班的,尤其是這些被送進加護病房的病人,是情況不穩定而需要被特別照顧的。雖然也有待了幾天就轉到普通病房,但大多數病人是在急救無效的情況下走了。

加護病房裡的工作繁重,工作能如期完成就很萬幸了,漸漸地我把醫療護理的行為變成了一種很程序化的工作,無法再生起很大的

愛心和同理心去對待。待了一年之後，覺得不能再這樣下去，於是決定再去讀書。

回到台北，考進了台北護專。在台北護專半工半讀地唸了兩年書，再由學校推薦到對面的榮民總醫院工作。剛開始在急診室，待了一年之後，便請調回到開刀房。那段期間也是半工半讀的準備插大，一心想轉往社工或兒福系就讀。當我離開榮總想找一個安靜的地方，能在考前專心念書，我的乾妹妹便介紹我到靈鷲山的聖山寺去。

考試前一個月到聖山寺去，本以為是安安靜靜地待在寺廟裡讀書，結果正好遇到聖山寺在舉辦「兒童夏令營」，剛好就缺個護理小老師，於是我便參與了營隊的工作。

抱著「入境隨俗」的態度，也就沒有特別去排斥佛教的儀式，當我以一種學習的心態去接觸、去瞭解的時候，我發現佛教有一些理念，和我內心的想法蠻接近的。於是當兒童夏令營結束之後，就接著參加在台中舉行的「水、陸、空大法會」。

水陸法會上的初發心

我在參加水陸法會的時候夢見了爺爺。爺爺是我到台東馬偕醫院工作的那年病逝的，爺爺跟我很親，是他照顧我長大的。當時夢到

爺爺的景象是——肚子大大的、咽喉小小的，眼前有一桌飯菜，好像希望全家一起團圓吃飯的感覺。

　　當時不知為什麼會做這個夢，後來才知道，因為爺爺想要吃東西，但卻沒辦法得到食物的飽足。於是，我就幫爺爺報名了水陸法會。既然幫爺爺報名了，我也試著去拜佛，法會裡有兩個儀式讓我感觸深刻——在梁皇法會裡的「放焰口」儀式和在內壇裡的「供上堂」儀式。

　　「放焰口」是藉由經咒觀想的力量，將這些食物轉換成無形的冤親債主和祖先，可以吃得到東西。當我參加這個儀式時，莫名地開始哭了起來。

　　心裡的念頭是：「在場的牌位上寫著一個個的名字，這些人能夠藉由法師的力量，得到飽食，但在這個廣大的虛空裡還有很多很多幽幽的靈識，他們怎麼辦？」

　　如此一想，眼淚便無法克制，滴溜溜地流下來，於是我趕快跑出法會的現場，剛好遇到一位法師。

　　溫和的法師對我說：「這是慈悲心的感召，要記得這個慈悲心的升起。」

「供上堂」就是把你認為最珍貴的東西供養給諸佛菩薩。

那時候我心裡想：「到底用什麼東西供養給諸佛菩薩？」應該不是錢也不是珍珠寶貝。所以，後來我就拿了一個紅包袋，寫上「以我最寶貴的心，來服務大眾。」或許就是這樣的一份發心，成就了出家學佛的一個因緣。

再度回到聖山寺

水陸法會結束之後，許多法師鼓勵我出家，當時還是蠻猶豫的，猶豫的是因為我還想再進修，事實上我也參加了考試。

我抱著一個想法：「考上的話就去讀大學；沒考上，就留在寺院，把寺院當作佛學院，機緣到了，再走出家的路。」

我又回到聖山寺去做志工。當自己無所求的付出時，那一份心是很歡喜的，單純地付出是沒有負擔的，所以那時候非常地快樂。待在聖山寺的那段期間，山上有個小沙彌出家。他只有國小三、四年級，當時我有一個責任感，就是既然他來了，就得好好照顧他，包括在課業上的輔導，所以我並沒有積極地想要出家。

直到有一天來到山上，師父問起我，有沒有出家的打算。

　　我就跟師父說：「目前我還是基於一份責任感，想先把小沙彌照顧好。」

　　師父對我說：「你是你，他是他。」

　　意思是說我的信仰、我的生活不是建立在他人身上的。從那時候開始，我便在觀念上做了轉換，也把一頭長髮剪掉了。

　　另外，我還有一個癥結尚未解開，讓我沒有馬上出家，那就是出家要守戒律。本質上要行善去惡，可是在生活中難免會傷害到眾生的生命。譬如說煮菜時，一不小心就會把一些菜蟲給煮熟掉。

後來法師在觀念上開導我：「只要盡力去做，不要管結果，出發的動機是最重要的。」我的心雖然還在猶豫，卻也慢慢地在轉換自己的觀念。

頓入空門

因緣際會的是八十三那一年十月，山上幫師父慶生，那一天我原本在聖山寺，不知道為什麼心裡就是有一點感覺：「好像有什麼事要發生了。」

當天，法師問我要不要去山上的大殿幫忙清潔打掃，我說好。打掃完後，我又回到聖山寺。

到了傍晚，又有法師說：「山上有祝壽法會，你要不要去幫忙？」

我說：「好啊！沒事就上去幫幫忙。」

上山之後，法師問我：「要不要幫忙剪金色的壽字，貼在殿堂門口。」後來才知道，前一年有位法師在師父的生辰幫忙剪壽字，因為這樣的因緣而出家。

當天晚上近十一點，山上有一位法師要出家，法師帶著我來到大

殿觀禮，當他帶我去到大殿時，忽然對師父說：「這裡也有一個要跟您報到！」並把我推向前。

師父看了我一眼，只說了一句話：「你的那一關過了沒？」

我心裡想：「任何的關卡，最大的障礙還是在自己。」當下就決定出家了。

山上有一位常住眾，在前一天晚上夢見有兩個法師出家，大家都覺得奇怪，「不是只有一位嗎？」原來臨時蹦出一個我來。

與佛有緣

比較有意思的是，之前我所參加的都是教會的活動。雖然如此，內心深處的問題，還是沒有辦法打開，包括對生命的答案——在醫院裡所接觸到的生命變化；另外就是跟家人之間，存在著無法釋懷的情結。因此，在信仰上還不是很踏實。

很巧的，在我出家前的三個月，有一次搭計程車，司機忽然對我說：「你跟佛有緣。」

當時心裡頭一直不理解：「為什麼跟佛有緣？」我接觸的都是基督教啊！

　　放榜的那段期間，我曾打電話到補習班去查榜，答案都是「沒有。」一直到了出家之後，才知道我是有考上學校的，我想這一切都是因緣註定的。

　　自己的心念決定自己的選擇，而不是緣於外在。在修行的過程中，難免還是會碰到一些考驗，比方說剛出家那段時間，晚上偶爾會夢到我還在加護病房、開刀房工作，或者去考插大…可是再怎麼樣還是回歸到自己原本初發的本質和動機上。出家前的我比較安靜、內向，出家之後的我是以積極的態度去接引每一個善緣。

那年夏天

心真義顯。
——顯義師

我十九歲出家;說起因緣則要追溯到國小畢業的那年夏天……

小時候,父母親認識一個廠商,廠商學佛,很自然的就介紹我的家人認識了靈鷲山。

初識靈山

民國七十六年夏天,我們全家來到山上,還記得當天人很少,雖然是初次上山,哥哥、妹妹和我卻像是熟悉山裡的一切似的,東奔西跑、自在的像小鳥。

不知過了多久,聽到媽媽喊道:「趕快下來,師父出來了,可以去皈依了!」

當時，也不知怎麼著，毫不猶豫地第一個跑了下來，煞有其事地在大殿皈依師父。皈依當天就發願開始吃素。學佛、皈依、吃素對當時的我而言，是自然地，雖然不甚明白這其中的道理，但是心中卻是充滿無比的喜悅。

生命的價值

接觸山上之後，家人幾乎以靈鷲山為家，只要是假日或山上有活動都是全家總動員熱情地參與。在這樣的環境薰陶下，每天放學後，除了學校的功課以外，自己也訂了功課——《心經》〈大悲咒〉等；遇到生病時，也逼著自己唸《水懺》媽媽說這是懺悔病障。雖然邊唸邊打瞌睡，但當時內心的想法是——要對自己負責，也要對諸佛菩薩有所交代。

上了國中後，由於爸媽比較沒時間，上山的機會也相對減少，但仍舊參與了一些大大小小的活動，即使如此，還是沒有任何出家的念頭，學佛只是充實自己的生命。日子就在簡單、平實中過去。

高中畢業後，十分渴望一個安靜的環境、一個緩衝的空間，能夠讓心沈澱下來。所以決定到山上讀書。上山之後，大部分的時間都自發性地幫忙做一些庶務性的工作，接電話、打掃等，讀書的時間反而少了。師父偶而會到聖山寺來看看我：「你要靜下心來專心讀

書。」也許是環境的因素，師父的生活教育不知不覺得在我內心紮了根。

　　記得要下山參加考試時遇到了師父，師父告訴我說：「世間的學問是學不完的，如果沒考上，就回來念『靈鷲山大學』！」我真的跟師父以勾勾小指頭作承諾。

水、陸、空大法會

　　靈鷲山第一場「水、陸、空大法會」在台中舉辦，我與媽媽參加了志工的行列，到法會現場幫忙兩個禮拜的時間。見到許許多多的人在佛前至心的祈福與懺悔，有的痛哭流涕、有的喃喃自語、有的滿懷感恩、有的眉飛色舞、有的莊嚴肅穆的靜坐禪修；在這樣的空間中，我感受到這是諸佛菩薩給予人們一個生命的安心之處。

　　由於擔任的是外壇香燈與機動職事，每天都是最後離開壇城的一員，每晚在與諸佛菩薩告假時，頂禮佛前，感恩佛陀慈悲引導、師父的隨緣教授，在這樣的心情驅使下，我產生了出家的念頭。

　　回家後，內心常常浮現法會裡人們感動的模樣，總會自問：「是什麼力量，讓人們生出感動，改變了他們對生命的價值觀？」當時雖然年輕，在我心裡，已經為自己選擇一條該走的道路了。

　　但是，我被禁足了！家人認為涉世未深的我，應該好好思考未來，等一切都有足夠的認識後，再思考出家這個問題。我選擇出家的心願並沒有讓我的家人有確切的了知，讓他們誤以為我是在逃避，並且將出家的生活美化了。在家人積極說服我的時候，我忽略了親人的感受與關懷，只注意到自己必須把握出家的因緣。在那段時間裡，我第一次看見爸爸的眼淚。這是一直到現在，我仍舊不斷地反省及懺悔的。

出家

　　水陸法會回家後，有一天，廣純師打通電話到家裡，說道：「墾丁的幹部訓練營需要志工，不知道家人願不願意幫忙？」

　　臨掛電話前，廣純師問了句：「你下定決心了嗎？出家是需要勇氣的，修行的生活是非常刻苦的，你有沒有足夠的勇氣？」

　　我回答：「有！」

　　活動前一天整理行李時心裡想著：「其實什麼都不需要了。」

　　最後只帶了身份證和印章就出門了。

　　活動結束後，我依照著計劃坐上法師的專車回山了。當時的心情

是輕鬆的，心裡清楚的知道，即將轉換一個生活環境，一個期待中的生活方式。

在車上，法師告訴我：「出家不是兩、三年就畢業了，是一輩子的事。」我點點頭。那一天，媽媽是一個人回家的。

回到山上，在小殿的門口，我遇到師父，我告訴師父：「我要找一個人生答案。」

師父回答我：「你會找到的。」上山後的第七天，我出家了。

體會

真正對生命有所體會是在出家後。

剛出家時，由於工作多，一直陷入自己的思惟裡，產生各式各樣林林總總的困擾，人的煩惱為什麼會那麼多、那麼雜？

記得師父曾經當頭棒喝地說：「如果你只用自己的想法去過生活，就回家去。」

由於自我意識強，不易與他人溝通，對於自己覺得不合理的就不想聽，導致學佛與生活之間發生很多衝突，直到學會將所有的一切消融時，才明白這個中的深意。

師父說：「慈悲柔和。」我自覺，自己還不算是個真正的出家人，因為要學習的太多了。

隨機逗教

有一次，法用師和師父對話時談到慈悲。

法用師問師父：「慈悲與感情要怎麼去區分？」

師父說：「我是一個沒有感情的人，感情是用你的感受與思想去

糾葛，而慈悲是超脫感情，給眾生真正的幫助。」

有一回幫師父磨墨時，可能是白天工作太累了，居然打起瞌睡，讓磨墨的手整個浸到墨水裡。

剛好師父瞧見了，當下就問：「誰在磨墨？」

師父頓了一下又說：「好好去感受。」

師父寫書法時，問我：「顯義，什麼是顯義呢？」

他寫下四個字：「心真義顯。」

出家後的某一天，師父對我說：「出家要發大願，才能堅固自己的道心。」

聽完師父的開示後，師父要我到大殿發願：「跟隨佛法，好好出家。」

於是我在諸佛菩薩面前立下誓願 ——「跟隨佛法，好好出家。」

師父的隨機逗教，是我自我鞭策的依皈，是我思惟的軌道，並引導我回歸出家人本位的智慧。我知道，需要好好地去承擔。

這樣 就死了嗎

12

出家，是解開人生疑惑的答案。
——法昂師

「出家」這兩個字，二十四歲以前沒在我腦袋出現過，雖然對人生沒什麼太大的憧憬，但是對於結婚、生子、工作、賺錢…這樣的生活卻也不是我想過的日子。我曾告訴我自己最糟糕的情況無非是 ── 找座山，隱居起來吧！

我要活著回來

「大家都說在死亡前會有一生的回顧，像跑馬燈一樣，一幕幕的前塵往事在一瞬間跑過眼前，我都沒有看見耶，那…我應該不會死吧！」當我被海浪捲起來甩出去的時候，心中這樣想著。

稍稍回過神，我奮力地伸張起手腳準備開始游泳，突然，身上的吊帶被一隻手抓住，是阿蚌！天啊！會游泳的人最怕遇到不會游泳

的人，我和阿蚌，一個會游泳一個不會，就這樣在礁岩間翻翻滾滾、頭上腳下、腳下頭上，在大浪中，我們毫無招架之力，只能被這大自然的力量「上沖、下洗、左搓、右揉。」望著岸上焦急的伙伴，耳邊傳來的是〈大悲咒〉的唱誦，一切都那麼不真實，來來回回、上上下下，我真的不知道我們能不能上得了岸，是否能夠活著回來……

志同道合

偶而，我也會問一些諸如「人生的意義為何？」的大問題，也曾經嘗試著從哲學的觀點中找答案，但，即便是留名千古的哲學家們，他們也還在不斷地詢問：「人為什麼而活？」

也試過學校的彌薩禮拜，但是，始終與心中的疑惑未曾產生共鳴。不自覺地，源於對人生的種種困惑，讓心中悄悄地埋下了出家的種籽。

機緣巧合地在大學畢業前，因為報紙上的一則小廣告，我參加了靈鷲山第一屆的大專禪修營。整整七天的營隊生活，全程禁語，所有的學員全都目不斜視，所以是誰也沒認識誰。對於從沒接觸過佛教的我來說，第一次就直接上山打禪七，可以說是初生之犢不畏虎。沒坐過禪，居然「膽敢」參加禪七。果然，七天下來，並沒有如同祖師大德一樣，身心脫落、禪定輕安、坐見本性，唯一的的感

受就是 —— 痛。痛！痛！痛！好痛哦！

「阿蚌」是第一屆大專禪修營的伙伴，原名陳品蚌，因為禪修營的關係成為志同道合的朋友。其實在營隊結束後對阿蚌未有印象，但是每逢上山當志工就常常聽到法師說：「阿蚌才剛下山耶，你就上山了，你們兩個真是王不見王。」「阿蚌」這個名字就如此這般的印在腦海裡，直到現在。回頭看看，我們兩個可是共同經歷生死關頭的患難之交，更是同日剃度，修行道上的道友。

一開始上山只是單純的喜歡山上法師的自在、環境的清雅。

隨著時間的流逝，心裡不斷的出現另一種聲音：「這好像是另一種人生道路的選擇。」

「也許出家是解開人生疑惑的答案。」出家的念頭在心中發芽。

出國？出家？

但是畢業在即，突然間我必須面對 —— 出國？還是出家？在思緒陷入混亂，理不清所以然的時候，一位在法國留學的學姐，主動協助我申請辦理留法的所有資料，就這樣，我拖著行李和一顆茫然不定的心來到了法國。

　　法國的冬天，白白的雪，空曠的街道，冷冷的空氣，我一個人踽踽獨行，唯一可以感受到的溫暖是自己呼出來的熱氣。孤獨的感覺並不是來自對異鄉的陌生、同伴的疏離，而是一種——對生命的孤獨感。

　　是因緣？還是巧合？許久之後我才發現，原來我的法國簽證並不是以留學生做申請的，我必須回到台灣或到第三國家過境。我想都不想的就回來了。再回到台灣已經抱著一顆篤定的心，決定出家。我決定出家尋找從大學以來就不斷探尋的生命的答案。而我唯一要面對的考驗就是親情的割捨。

　　記得在回國當天，父親到機場接我回家的路上。

　　父親平穩地對我說：「我已經幫你找好一份銀行的工作了。」

　　沈默的我已經預知即將面對的難題。身為家中的獨生女，父親的掌上明珠，我一直是父母親眼中最乖的女兒，而這次我並沒有接受父親的安排。當父母親知道我要出家時，並沒有電視劇八點檔裡哭天搶地、滿地打滾的畫面出現，但是父與子平靜的對話中，卻醞釀著暴風雨的衝擊。

　　接下來的幾個月，我的心情是緊繃到了極點，對於究竟還是走上出家一途，除了是自己生命的抉擇之外，依憑的還是父母對我的疼

愛。直至今日，出家八年了，父母親終於肯定了我這個做女兒的選擇，也鼓勵我在這條修行的路上，好好地走下去。

「既然選擇了，就好好地走。」這是父母親對我的教導。

「對於苦心栽培自己長大的父母，還沒有盡到為人子女的孝道就落髮出家，唯一能夠做到的，就是好好作個出家人，以自己有限的生命，盡可能的服務更多的眾生，用最直接、最篤實的方式來回報父母親恩。」

這是師父在為我剃度時的開示，也是我回報這一生的父母，乃至於生生世世父母最好的方式吧！

原本就是一張娃娃臉，出家後，看起來更年少些。

常常有人問我：「你怎麼會出家呢？」

「怎麼這麼年輕就出家呢？」

眼神中流露出的是他們預設的答案：「感情不順利？遭遇挫折？逃避問題？一時想不開？」

我只能說：「因緣和合，時間到了！」出家是順理成章，生命走到這裡就應該這樣走下去。

13

還沒出家，怎麼能死

服務眾生的生命，
可領悟到寬廣與無礙，長養出慈悲與智慧。
——法泰師

出家那年，我二十三歲，跟我同一天剃度的還有法昂師，他曾是我生死與共的伙伴。

「復華，我們趕快手牽手半蹲…」

這是我在岸上講的最後一句話，下一秒我和復華已經被大海浪捲走，已經在海水裡載浮載沈，一切發生得太快，快到思緒一下就被浪花打散了。

在水中，眼前白花花的，頭一直往下沈，我就要死了嗎？

不知過了多久，第一個念頭如水泡浮起：「還沒出家，怎麼能死？」

佛的世界

剛從南部上來讀大學的那年，身旁的新朋友都在過著所謂的「大學生活」，我卻茫然不知所措，發現大學生活就是整天吃喝玩樂，沒有父母親、師長在身旁管東管西，自由自在，愛做什麼就做什麼，我很快就厭倦了這種玩樂的生活，生命如果就是如此，那也太無聊了。

有一天在紙藝社閒晃時，聽到隔著一道書牆的佛學社，裡面有些學生正在高談佛理，這些對話引起了我的興趣，忍不住一腳跨入佛的世界……

大二寒假，佛學社的學生來到一處山中寺廟，我們是來當志工的，幫忙整理倉庫。當時一到這個自然又古樸的山上，法師的親切馬上融化了自己對佛教的刻板印象，心情也放鬆了下來，快快樂樂地在山上當了一星期的志工，白天打掃圖書館，整理各種資料，下午法師帶著我們幾個大學生去打沙灘排球，晚上大家圍坐成一圈討論佛法與人生；也許當時我為法師們的自在氣質所吸引，回家前，還下定決心，寒假時要每天禮佛一〇八拜、持二千遍觀音菩薩聖號並把〈大悲咒〉背起來。

就這樣，開始獨自一點一滴地學佛，寒假一結束，馬上回到了寺廟皈依師父，當時才真正感覺到學佛並非談談生命大道理就好了，

和任何事一樣，若要深入，都得老實從「做功課」開始。做了功課後最明顯的改變是，心變得柔軟了，也有一種很輕安的快樂在心中升起。

是學佛因緣成熟？只記得大學後來的二年就喜歡到山上當志工，生命的意義對我而言似乎開始從模糊慢慢出現輪廓，雖然對於日後要過什麼生活都還沒有想法。

志同道合的好朋友

大三時，在山上結識另一個同好，吳復華，她是輔大法文系的學生，和我一樣也喜歡獨來獨往跑山上，只不過我們的時間剛好錯開，據法師們說，我們是「王不見王」。一次，在山上終於碰到面了，之後，我們兩個每次上山都不忘相互通知，但還來不及熟識，她就帶著不知是否出家的想法，遠赴法國念碩士去了。

大四那年，我繼續獨自上山，努力的追尋自己的答案，一有了心得就寫信告訴遠在法國的她。我很珍惜這個難得的朋友，畢竟要找到「跑道場」的同好是很少見的。

即將畢業時，腦袋裡開始浮現要出家或出社會的想法，對於一時無法抉擇的人生大事，我決定給自己半年的時間考慮。

記得有一天晚上，繁星點點，師父和法師都坐在大殿外乘涼，當時，師父一見到我就說：「你可以出家了。」我聽了心裡一驚，這麼快！還沒準備好呢！

回頭再想：「出家要準備什麼？」

當時復華因為簽證的問題，從法國回來台灣，回來之後也不打算再到法國去，因為她已經決定在山上出家。但是，我卻開始猶豫起來，原因很簡單，覺得還年輕，有很多待實現的夢想。還有，我喜歡自由自在、不受拘束，出家，好像要跟許多戒律過日子，那多痛苦啊！

我們兩個人各自懷抱著自己的想法在山上工作，兩個人的家庭都不知道我們已經走到決定人生大事的關卡。復華雖已下定決心，但畢竟一回國就往山上跑，對家人已經越來越難以自圓其說了；我呢，家人雖然一時沒說什麼，但是每次在電話中都不忘提醒，該回家了。山中歲月看似悠閒，但在我們兩人心中，卻只有紙快包不住火的緊張。

該回家或該出家，當時的我沒有答案，只知道每天要做功課，念經拜佛，除了求安心，也希望答案早日水落石出吧！

出家的決定

喝了幾口過鹹的海水，腦子一下清醒過來'。

記得某個法師曾對我說：「當年決定出家時，那裡都不敢去，山裡有山怪、海裡有海怪，連過馬路都要用跑的…是啊！我都還沒出家呢，怎麼可以如此灑脫，年紀輕輕就要死去了，不行，我一定要出家，那怕是一天也好…」

我不會游泳，只能死命地抓著復華的吊帶褲，深怕一鬆手，自己就要孤單一人與死亡搏鬥。我告訴自己，既然不想死，那麼至少不要嗆到水，要一切都很流暢，海水雖鹹，該喝就喝。在海中飄了一陣子，一度踏到了岩石，我想站穩，但海水卻淹到胸口，下一個浪來，我們又被捲走了，一次又一次我們離岸邊越來越遠，我開始真正緊張起來，隔著混濁的海水我看到復華，跟我一樣很辛苦地在喝水、吐水，我實在很想救她，但是，事與願違，我不會游泳，我只能拖著她……

後來，我們倆「莫名其妙」地被海水打到岸上，雙腳一碰到石頭，我使勁的一把將復華拉過來，叫她趴穩，然後才站起來。雖然我們都慘白著臉，但為了讓岸上的伙伴們放心，我還故做輕鬆的說：「海水又苦又鹹啊！」其實心裡真正想的是，我‧決‧定‧出‧家‧了。

嚮往的生活

我和復華同一天出家，她叫：法昂師，我是：法泰師。半夜兩點，我們分享著一顆橘子——大吉大利！

生命是從剃度的那一刻重生，二十幾年來既定的思想模式都因為出家而開始面臨種種挑戰與顛覆，就像是剝掉一層層自以為是的外衣，每一次的經驗都讓對出家無限制的生命意義認識得更清楚，心量與眼界在上師的教導與師兄弟的琢磨下也漸漸開啓。我發現服務眾生的生命，可領悟到的寬廣、無礙，長養出的慈悲、智慧，足以使出家人永遠生活於生命之泉中，源源不絕、生生不息。

念小學時，小朋友流行玩一種算命遊戲，把手掌壓在紙上畫下來，依著自己的意思編造對方的命運。有一次，我看到一個答案：二十三歲出家。不知道為什麼，我一直牢記著這個命運，縱使家中信仰全然與佛教無關。

意外的是，出家那年，我二十三歲。

種蘭花

14

沒有師父以及一路走來的善知識，
這一切都是無法成就的。
　　——淨華師

　　當年全山的法師都在精進的聽聞佛法，因為在道場工作，所以能
夠跟著他們一起在後山鐵棚裡，一則護關、一則學習。

　　「我們要發起菩提心…今天我們同聚在這裡，不是為了自己的安
樂，而是為了我們生生世世的父母，無始輪迴以來，所有的眾生都
曾是我們生生世世的父母，為了救度他們遠離痛苦，達到究竟安樂
的成佛果位，所以我們今天在這裡修學佛法。」就是這段話讓我震
撼，直至今天都一直支持著我。

　　因為這段話，當師父問我：「小朋友你要修行嗎？」

　　我跟師父說：「要，師父，我要修行！」那年我二十五歲。

當下

以前的心與佛法的距離很遠，為什麼會出家？回想自己出家的發心及因緣，誠然是荒唐少年，但也因為如此，當我學習的越多，就越感恩這一路來接引我學佛及修行的一切善緣。

小小的時候我就很怕孤單，對於無常與變化，深深覺得無可奈何，但也慢慢的習慣，也許是因為沒有找到真理，所以才會習慣去依賴外在的人、事、物。

第一次對佛法有較深的體驗，是在寒假參加了山上七天的禪修營，從未學過禪修、聽過佛法的我，就這樣硬坐了七天的禪，有許多法師前來為我們開示，但很辛苦的是我什麼也聽不懂，只在放香的那一剎那，感到無比的歡喜，不知當時到底在歡喜什麼？那是從小到大不曾體會的喜悅，所幸還記住了「當下」兩個字。因為每天早晚跑香的時候，法師都會不斷地提醒：「禪修就是活在當下，心不要去攀緣妄想。」

恍然發現：「原來過去的二十年，一直是活在自己的妄想裡！」

於是，開始逐漸放下對於孤單與無常的恐懼，終於知道該讓自己的心放在那裡。

生命的出口

畢業後，每天在通勤火車上看到各式各樣的人，不同的年齡、不同的穿著打扮，卻有著相同的表情，開始覺得未來彷彿清晰可見……

反覆的問自己：「到底在追求什麼？」

身邊所有的人都是這樣在既定的循環裡，走者無法回頭的生命。於是順著當志工的因緣，在徵得家人的同意後，來到山上擔任活動組的助理工作。只是單純的想趁著年輕做些不一樣的事，但我根本不知道自己到底會走到哪裡？又會停留多久？

必須承認的是，我真的不是一個很好的助理，工作經驗不多，對佛法也是一竅不通，感恩當時的主管法師，耐煩慈悲的教導。在那段時間裡體會最深的，一則是志工們身體力行的發心和付出；一則是在辦活動的過程中，看到大大小小老老少少的人，因為接觸佛法、學習禪修，而產生的改變。

雖然這是過去的同學們很好奇的工作，但我卻越作越不能罷手。開始發現，生命如果只是想到自己是很難找到出口的，能夠從事這樣一份成就別人的工作，是一生中很大的喜悅與幸福。

下一輩子

然而沒有佛法的心雖然努力的為善，終究不是究竟的。

工作了兩年，我開始思考：「自己這樣下去也不是辦法…」

因為不打算出家，所以覺得是必須離開的時候。回頭反省這兩年多的生活，就像夢一般的消逝，心裡甚為不安，於是決定先拜一百部《水懺》再走，當時很天才的認為消些業障再下山，應該會比較平安！

懺悔，兩年來一直不是一個會用功的人，對修行也不是很用心。

師父從來也不曾對我說：「妳來出家！」

只會委婉的說：「小朋友你要讀故事書、讀佛陀的傳記…」

每天做的功課最多就是一部〈普門品〉而現在為了讓下山能夠順利，每天很勤勞的唸那一百部《水懺》，即使工作到凌晨，也堅持要唸一卷懺、拜四十九拜才去睡。水懺的回向文寫了八、九條，從回向師父法體康泰、道場平安、父母健康到懺悔自己業障深重都有，又不知怎麼突發奇想地，在最後一條加上了一項──希望下輩子能夠出家。或許是在心裡已經對出家有了嚮往，但那只是自己模糊的想像，從不認為是可以做到的。

修行

直到年底法師們的禪十閉關……

因為協助課程的關係，而有了機會跟法師們一起聽課，每天一開始上課時，仁波切對大家開示的第一段話，反覆的震撼著我。

第一次發現：「原來心是可以如此開闊，學佛修行是這麼重要的事。」

剛剛萌起一點出家也不錯的念頭，就遇到了退道的因緣，害怕無常的我不禁又擔憂起來，想想：「其實出家也是很無常的。」

記得去找師父時，師父看到我就說：「那些變來變去的事，有什麼關係？」

師父說：「我不會變呀！」

當下接受到的是一份清淨的信心，如果真的有這樣的因緣，應該是依循著師父的教導來修行，不是隨著環境的變異去起伏漂流。

回家

從小父母對我們的教育就是非常的開明，一旦決定出家時才發現：「原來自己是這麼的平凡！」我們之間緊緊聯繫著，並非理性想像中這麼地自由自在、了無牽罣。

最後一次回家，媽媽只對我說：「要聽師父的話，做事不要計較。」

後來才知道，從兩年前上山工作的那一天起，媽媽就有預感，孩子已經在山上出家了。

「出家不是那麼容易，這條路不是那麼好走，不像工作，不好就可以換的。」

爸爸也很實在的說，孩子長大了，要對自己的決定負責。

最後他們叮嚀我：「如果真的要出家，一定要行菩薩道。」

師父的教育

出家很不容易，最難的是面對自己的道心跟正念，遇到挫折，難免就會退失道心。每一個關卡在突破的過程中，是蠻苦的，爸爸媽媽的叮嚀我一直謹記在心，每當我不想承擔一些事情時，就會想到他們的話。

「不要計較。」

「一定要行菩薩道！」

以前總是對自己沒信心，但在師父的面前，每一個小孩都是有用的，都是可以教導的。六年下來，體會到師父真的是一個很慈悲的老師，乃至後來接任教育的執事工作，又更能體會到師父心量的開闊與度眾的善巧、慈悲。

第一次帶沙彌課程時，自己的個性太硬了，常常受不了大家奇奇怪怪的意見跟習氣。

有一天，我跑去問師父：「師父，才八個沙彌我就受不了了，您有一百個弟子，您是怎麼忍受我們的？」

師父看看我，笑得很開心，他並未責備我沒有慈悲心、沒耐性，

只是看著壇城，很柔軟地跟我說：「你看到這個百合跟蘭花了嗎？你不能把百合種成蘭花的樣子，如果你執意這樣子種，百合會死掉的。」

當下我的心就軟了下來，也很清楚自己的問題出在那裡。

對於師父，一直是一份感恩的心。每當挫折來襲、內心不安定時，就靜心反省「為什麼要出家？有什麼因緣能學佛、能出家？」

「沒有師父以及一路走來的善知識，這一切都是無法成就的！」

感恩，觀世音菩薩！

勇氣

15

許多人因為不認識佛法，而不知道要珍惜，
就好像是拿了一顆鑽石當玻璃珠一樣。
——法鼎師

從小，我就倍受呵護，在一個溫暖的家庭裡長大。認識我的人都說，我將來一定會成為一個好媳婦，因為我喜歡照顧眾人，喜歡服務眾人，在照顧與服務的過程中，讓我感到無限的喜悅。

媽媽的罣礙

我與媽媽的緣份非常地深，我的一言一行受到媽媽許多的約束與保護。從小沒生病不能進醫院，從醫院回家前一定要丟一塊錢在醫院門口。除非至親，我不能隨意參加婚宴、喪禮，甚至我在生理期還不能進到廟裡，怕衝撞了神明、煞到自己。許多約定成俗的規範，我不知道是為了什麼？我不會拂逆媽媽，都會乖乖地遵守。

但是，我心裡想的是：「媽媽的信仰是有限制的，神明的保祐有祂的範圍。」

　　年紀漸長，我依著自己的個性，選擇的是我喜歡的科系 ── 實踐社工系，之前讀的是家政，也曾在幼稚園當過老師，我喜歡為眾人服務的心，沒有因為年齡而改變，反而越做越起勁。認識靈鷲山、認識師父與法師們，也是媽媽牽的緣，媽媽是靈鷲山的委員，我跟著她親近了道場。在道場裡，認識了法師與山上的志工。

　　剛開始接觸靈鷲山，只要一有空我會開著車，沿途去載同為志工的伙伴們到山上去，我們由師父的侍者廣純師領著我們，到「悲願閣」裡去做清掃的工作，幫師父洗車…還成立了「侍者團」由廣純師帶著我們一群年輕的志工排班，輪流上山去做一些灑掃的工作，全盛時期我們的成員有二十幾個。

　　有時候志工們出遊散心，廣純師會耐心地陪著我們。

　　廣純師經常地為我們隨緣說法，我印象最深刻是，

　　他用平靜、沈穩的語氣說：「生命應該過得有價值。」

　　我不是很瞭解佛法是什麼？只是看著大海，腦海裡想著我的家庭生活……

　　我的家是幸福、快樂的家庭，每到週末全家一定會去踏青，禮拜六、日的時間似乎過的特別的快，怎麼一會兒工夫太陽就下山了？

夜晚降臨，晝、夜的輪替是日復一日。每到晚上我就覺得沒有安全感，是一種悵然若失的無依，生命的意義到底是什麼？

我不停的思考著：出生王室的釋迦牟尼佛，自幼也受著父王與母后的寵愛與保護，他卻能不貪戀的毅然離開榮華富貴的享受，去追求真理。而我這種無憂無慮的快樂，始終是建立在家人無微不至的保護下。雖然我不知道佛法的深奧義理，但是我確定，人生應該不是只有這樣，被這些既定的模式綁住，應該跳脫。我定定的看著落日，答案的雛形慢慢浮現。

許多年前父親的家族裡陸續有人往生，先是曾祖父然後是堂哥，我從小就被限制到喪家，但是親人往生卻是無法避免的事實，在曾祖父和堂哥的喪禮中我感受到深沈的悲傷，那股哀傷濃的化不開。不只如此，在面對死亡的時候我甚至感覺——恐懼。

法師曾對我開示：「面對生命要用平常心、愉悅的心。」我想我還需要時間的調適。

民國八十六年水陸法會之後，生活中充滿禁忌的母親，因為不想進醫院，又一味隱瞞病情，等到檢查報告證實時，已經是乳癌第三期。

手術後，媽媽必須進行化療，化療需要打「小紅莓」，許多家裡

有癌症病患的人都知道，化療的過程對病人或是家屬，都是一種彷彿永無止盡的身心折磨。媽媽在整個化療的過程中是非常痛苦又虛弱的。在這段期間，是我和爸爸陪著媽媽到醫院去，因為當時哥哥在南京念中醫；弟弟在東海大學，姐姐在靜宜讀研究所。家裡只剩我一個小孩，我只能承擔。

照顧媽媽的生活起居，幫媽媽去買有機蔬菜、帶媽媽上醫院、鼓勵她、和她一起併肩作戰…媽媽生病的這段期間，我學習到怎麼照顧病人，除了身體上需要克服的痛苦，更重要的是心靈的撫慰，在照顧生病的媽媽時，我發覺到醫生可以救人的身體，而心靈的撫慰，需要的是信仰的力量，很慶幸地在最需要依靠的時候，我已經接觸佛法，並開始知道引導家人學佛。

生病的媽媽常常疼痛難耐，只要疼痛生起，媽媽就會想起師父教授的平安禪，將注意力轉到呼吸上，專心的數著鼻息，然後放鬆、放空，她的巨痛往往能迅速有效地消除。許多時候我看著媽媽依止對佛菩薩的信心，產生對抗病魔的意志力，這些，讓我見證到佛法濟世的偉大，更堅定要學習佛法來幫助他人。

漫長地、繁複地化療過程，漸漸地出現後遺症，雖然對於即將面臨的狀況，都做了心理準備，一但面臨，心中的不捨，仍舊牽動著脆弱的心。有一回，我拿著梳子輕輕地替媽媽梳頭，母親的頭髮一

根一根地掉在我的手掌心，我握著媽媽的髮，眼淚在心裡直淌，我好不忍、好心疼，這是從小呵護我長大的至愛，我真的不忍母親受苦。我忍著淚，動作更加輕柔起來，我們需要的是堅定的信心，是無比的毅力，太多的哀傷無濟於事。

降服自我　學習放下

我喜歡朝山，朝山讓我覺得身心都受到洗滌。佛法是從苦中求得，拜山的辛苦，能夠激發學佛堅固的信心，在三步一拜中，懺悔內心的自私、我慢的心、瞋恨的心、妒忌和欺騙的心，可以讓人學習到慚愧與謙卑。

出家的前一天，我有個預感，時間似乎到了，於是我帶著我的家當來到山上。

我在心中對菩薩說：「觀世音菩薩啊！如果我的出家因緣到了，請您讓我順利出家，如果時機尚未成熟，沒關係，讓我繼續當志工，我也很歡喜。」

我們花了一整天的時間朝山，在一起一跪中，天慢慢地暗了下來，濛濛夜幕漸漸地籠罩在天地間，一行人安安靜靜地走回到大殿。我才走進大殿，就看見其中有一個伙伴已經穿著海青立在壇城前面。

她回頭看見我，對我說了句：「妳還不快一點。」

我走了出去，妙用師陪著我跟家裡打電話，電話是媽媽接的。

我帶著些微的忐忑，告訴媽媽：「我今天晚上要出家了。」

媽媽說：「妳長大了，許多事可以自己作主了。」一句看似平常的對話，我卻聽得出媽媽是在意氣用事。

媽媽並沒有反對，也沒有讚成，但是她說我長大了，可以自己作主了。當晚我就自己決定 —— 出家。當天同行朝山的十幾個人當中，在隔天的子時有七個人同時出家，師父稱我們是七小福。

師父當天對我們開示：「出家要有五大，勇敢、慈悲、智慧、自在、精進。」

出家後，我跟著恆傳師，我的執事是恆傳師的助理。在道場裡執事，工作很瑣碎，剛出家時許多工作都沒經驗，雖然我願意做，卻無法進入狀況。以前在家裡凡事都有人頂著，出家後一樣有柴、米、油、鹽、醋、茶的生活供需，一樣有工作需要承擔，當時摸索的好辛苦。

師父說：「出家人，如果心沒有轉變的話，就是換一個身而已，跟世俗人沒有兩樣。」

我試著在事項中去轉化我的心情，漸漸地對於因緣不合和的事也就不會感到罣礙。這都要感恩恆傳師的關懷與教導，讓我在摸索期一直有一個很好的引導。

對人　出乎於誠

在我所領的職事中，曾經讓我起煩惱的是貴賓接待。

常常有師兄弟告訴我：「你一工作起來就很嚴肅。」

我是一個對自己要求很高的人，對於我所負責的工作更是充滿責任感。當被分配到貴賓接待的工作時，我像個上緊發條的娃娃，全身緊繃，一個法師要如何去做接待的工作？我沒個準，不知道如何去做，又如何使事情圓滿？我每天像個被壓到極限的彈簧，芝麻綠豆大的事情都會產生極大的回應。越是想把事情做好，越是達不到自己的要求，我把自己繃的太緊了，卻找不到讓自己放鬆的出口。

就在我的壓力像壓力鍋一樣快要爆開來的時候，適時地，妙用師出現了。

妙用師用平和語氣對我說：「用誠懇的心做公關。學佛就是存乎一心，把該準備的都準備好，用誠心去接待，來到山上最重要的就是要接引大眾學『法』至於其他，檢僕方便即可。不用刻意。」

我放下了。是啊，對人貴於誠心正意，如此簡單的道理也要經過學習，才能在生活中實現起來。

我再次想起師父的話：「工作即修行，生活即福田。」

師父告訴我們，出家前一定要熟讀三本書《知性的引導》上、下冊與《密勒日巴傳》。出家後我們每一個出家眾都要背誦祖師偈。許多祖師大德都不識字，卻能說出大法，這些都是在生活中、在修行裡的證悟，在禪定中開發出來的智慧。許多人因為不認識佛法，而不知道要珍惜，就好像是拿了一顆鑽石當玻璃珠一樣。

曾經有人問師父：「師父，你怎麼和信眾閒聊，都不談佛法？」

師父說：「一般人不知道佛法的重要性，所以不珍惜，如果能在生活中去關心他們，即使是閒話家常，我們要把法在閒話家常中帶給他們，五分鐘就有五分鐘的清淨，十分鐘就有十分鐘的清淨，不離佛法，心就是清淨的。」這就是師父的生活禪。

出家後最重要的一件事，三壇大戒。二〇〇〇年四月受戒前有內部的審檢，當天師父與僧委會眾法師們堂上正坐。每個要去受戒的法師輪番上前，接受眾前輩法師的鼓勵與關懷。雖然這是件無比歡欣的事，卻免不了緊張，受戒需要什麼樣的心理準備，才不會戒障現前，順利得戒呢？我跪在師父與法師面前戒慎恐懼。

當我被問到：「如果你的母親在戒場外，哭著求你不要受戒，你還會堅持受戒嗎？」

「我會，我會堅持受戒，」我聽到自己肯定的聲音。

提問的師兄，再度追問：「如果你的母親持續地苦苦哀求，你還會堅持受戒嗎？」

「會，我會堅持受戒！」這次我更加堅定自己的意念。

最難過的關卡，就是親情的呼喚，我要以初發心走過考驗，我要轉家庭親情的愛為助人解脫的大愛。

我想起廣純師幫我寫的出家文，其中有一句是這樣的：「親情轉化法情，障礙消除善緣具足。」

我想廣純師真是觀察入微啊，我最難割捨的就是父母親情，只要我能將對家庭的愛轉化成對眾生的大愛，就能夠報佛恩、父母恩、師長恩、眾生恩。當天，我感到受持了無比的加持而信心十足。

菩薩的四弘誓願在我的心中升起：

〈眾生無邊誓願度，煩惱無邊誓願斷，法門無量誓願學，佛道無上誓願成。〉

受戒後我開始持午，藉著嚴守戒律，減少貪欲。

來去香港

教團曾經有過問卷，詢問所有的法師們除了本身的執事外，最希望從事的是哪一個執事？在填寫這份問卷時我很慎重的地考慮過，道場五年除了大殿是男眾法師執事，其他所有殿堂我都待過，大寮、客堂、總機、聞喜堂，就連交通組都曾支援過。幾番思量後我填上了 —— 海外執事法師。這個願在兩年前實現了。

因為法師們就讀佛學院的因緣，原香港執事法師調派台中講堂，而我，則接下了香港執事法師的任務。接下這個任務心裡難免忐忑，香港雖然離台灣很近、民俗風情也非完全迴異，但總是飄洋過海。而當時我與志工團的默契正好，要馬上放下手邊的工作，一時有些猶豫。

恆傳師告訴我：「地球不會因為你而停止轉動。」

是啊，我有什麼好放心不下的？但還是罣礙自己能力不足，而裹足不前。

師父鼓勵我：「勇敢當佛的�樑。」

聽了師父的話我的心安定了，出家時師父要我們有勇氣，現在同樣的要我勇敢。真實的面對自己以後，我發現到勇氣是我今生最缺

乏的，也應該是我承擔的時候了。

我就像是一株小樹苗，在道場裡成長，慢慢的茁壯，師父的法就像是陽光；僧團對我們的照顧與栽培就像是空氣；師兄弟的相互扶持、彼此勉勵就像是水。

我在陽光充足、空氣新鮮、水質純淨的大自然裡生活著，心裡是充滿感恩，覺得自己好有福報，可以在靈鷲山出家。我喜歡照顧眾人，服務眾人，回頭想想，從出家前到出家後，我也是一路的被照顧著，父母的養育、師父的教育，師兄弟的提點，這一切不就正如師父的教育：「生命服務生命，生命奉獻生命。」這不僅僅是一個理念，它是被落實在生活中的。

師父說：「一切法，從恭敬中來。」不論面對的是誰，打從心裡升起恭敬的態度，是我不斷提醒自己必須做到的功課。

師父常常會告誡我們：「一定要精進、用功，研究經典以法為師，因為師父隨時會走，而我們必須以法為依皈。」

對於師父的教誨我真的很慚愧，師父不管是多麼的辛苦、多麼的累每天的功課是從不間斷的，這是師父的精進用功。師父面對信眾的慈悲與耐煩更是我所望塵莫及的，師父以他的身教感化我們，教育我們，也照顧著我們。

不只是我們敬愛的上師，師兄弟們對我，更是坦誠相待，在法上、生活上、執事上不間斷地為我解惑，在日常生活中循循善誘，讓我升起堅固的道心。出家前我在妙用師身上，看到他的耐煩與慈悲。我也曾經詢問過淨念師，土地、工程是多麼專門的學問，您怎麼做到的，淨念師笑瞇瞇的說：「就是學習，就是承擔。」還有法用師送給我的：「以法為用。」

我更不時地憶起恆傳師的敦敦告誡：「不忍聖教衰，不忍眾生苦。慈悲要依持智慧，作務當以智慧為憑，對自己要有自信心、要愛護自己、調伏自己。利益眾生的事，要義無反顧的去做，以無比的能量、慈悲與願力，來完成這一生的使命。」這是他對我的期許。

出家後的日子讓我想起媽媽重新長出來的髮絲，綿綿密密，細細軟軟…生命是必須經過淬鍊，才會更加美好。對於師父的教誨、師兄弟們的眷顧與加油打氣，除了自我惕厲之外，僅能將我所受到的教育、受到的恩情，以我的生命去做奉獻與回饋。

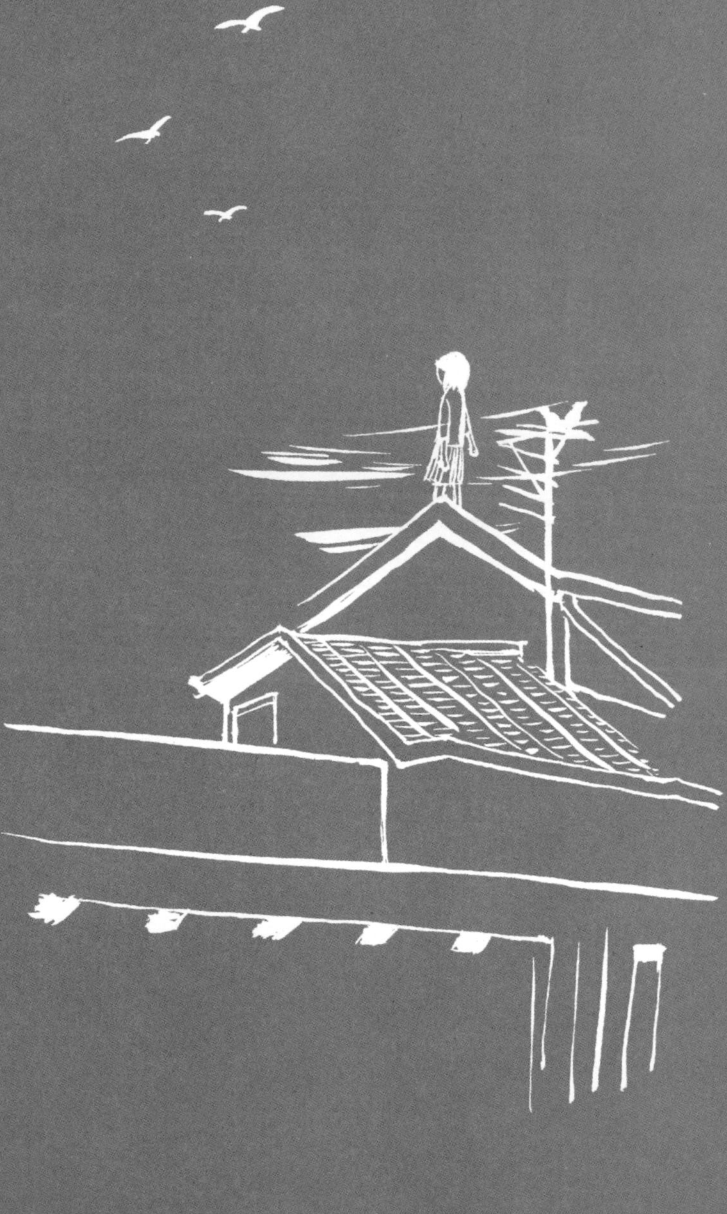

俠客行

16

我常常認為自己是個正義的使者……
　　——法益師

小時候我就時常跟著媽媽上山，媽媽到山上當志工，我是媽媽的小跟班，她走到那兒，我就跟到那，所以，對山上一直都很熟悉，許多法師都是看著我長大的。

出家

我的脾氣本身就不好，可以說非常強悍，再加上喜好打抱不平，只要路見不平，總是喜歡找人理論，一點都不像個女娃兒般地溫柔。我剛烈的性格，容不下不公平的事情，在我眼前發生，我常常認為自己是個正義的使者。

因此，在學校裡幾乎天天和同學吵吵鬧鬧，沒一分鐘的寧靜。這樣的習氣一直到認識佛法，學佛之後才開始慢慢地轉換。佛法讓我

很少再生氣，真正的生氣，修行讓我懂得自我反省與省察自己的習氣，讓自己變得更柔軟、更細心。

我不喜歡讀教科書，我不知道教科書上的知識，對我來說有多大的意義。讀書對我來說，一直是應付考試的苦差事。

我常常想：「光是讀這些書將來就會有成就嗎？」

「我就會懂的人生的道理嗎？」

「人生的目的是什麼呢？」

「只是工作賺錢嗎？」

「還是每天打扮的漂漂亮亮的？」

「到底要如何做才能讓人生過的更有意義？」

這些念頭不斷地在我的心中縈繞，揮之不去。

出家念頭，是不知不覺中生出的，連我自己都不知道究竟是從何時開始。

我想應該是從小時後，師父就時常跟我媽媽說：「這小朋友，長大後就來跟我出家。」

每次上山，師父總會一再地提醒媽媽，也可能是提醒緊跟在旁的小朋友，記得長大要出家。在我心裡一直非常明白我一定會出家，我只是在等自己長大，長大到可以出家的年紀，我就要出家。這就像是我天生就是個出家人，就是這種感覺。

出家前二年，媽媽和我一起參加山上舉辦的印度、尼泊爾朝聖。在朝聖途中，法師一直提醒大眾要常思惟：「佛在世時我沉輪，佛證悟時我輪迴。」

法師要我們從內心發起懺悔的心，為什麼佛都已經成佛這麼久了，我們還在這娑婆世界裡流轉不停呢？

法師還要我們思惟：「佛法難聞今已聞，人身難得今已得，此身不向今生度，更向何生度此身。」

今生即已得人身，又值遇佛法，更要好好地勤加修行，不要只想著此生是不可能了脫的種種消極想法，應該是更積極地面對我們的未來，要我們好好地把握當下，切莫等待老時才要修行。

因為聖地的加持，朝聖期間我不斷地深思……

「人生如何才能過的更有意義？」

「如何才能利益更多受苦的眾生？」

「如何才能了脫生死？」

「如何才能不畏懼生死？」

因此我在聖地發了出家的願，將來一定要跟隨師父出家修學佛法，也祈願諸佛菩薩的加持讓我出家能夠順利、家庭圓滿和合。二年後，我順利地出家，如同在聖地發願一樣圓滿，感恩諸佛菩薩、感恩媽媽的護持。

九十二年底，常住安排我們幾位法師至印度、尼泊爾朝聖，而我每到一個聖地，都會很快樂的跟佛說：「我回來了，感謝您的加持，讓我能夠順利出家，我必定會好好的修學佛法、實踐佛法，利益眾生，願一切眾生遠離痛苦，獲得究竟安樂，並祈請上師能常久住世，常轉法輪。」

走入人群

我是個矛盾的人，我害怕人群又喜歡人群，喜歡是因為人群可以帶給我活力，更增加學佛的信心，在人群裡可以反觀自我，它像一

面鏡子，讓我知道什麼該做、什麼不該做；害怕人群是因為，看見人群中晦暗的一面，而自己心態卻轉不過來時，煩惱就跟著來了。

記得有一次，有個心結打不開，就是有了很嚴重的分別心與計較心。因為看到太多的是是非非，聽到太多人與人之間的批判、較勁，心情無法調適一直想換執事，真的非常地沮喪。

師父知道後，告訴我：「如幻觀！」

但是，所有的事情都那麼地真實的在我眼前發生，叫我怎麼如幻呢？

師父接著說：「所有的事物都是生生滅滅的，一個杯子靜靜地放在那裡，因緣到了，它還是會壞滅的。」

聽了師父的話之後，我還是不懂該怎麼如幻、該怎麼觀，唉！我這個人資質又不是很好……

師父只好再對著我說：「多禪坐！禪坐可以讓我們的思路越來越清楚、越來越有條理。」

當天回去後我認真地開始思考，到底何事令我如此心煩，別人的抱怨，我為何一定要將它放在心上；對方的態度不好，也許是自己

對待他人的態度也不好，就這樣把這些事項一一的看分明，越看越覺得沒有什麼嘛！原來事情只要看得透徹些，就會覺得沒什麼可以障礙我們。或許這就是師父的加持力吧！師父的開示總是簡單明瞭，絕不冗長，但是要能自己去思考、去體悟、去實踐。

三壇大戒

受戒，讓我更懂得珍惜，受戒真的得來不容易。

在受戒之前聽師兄告誡，在求戒時很容易業障現前，要我們好好地發願與懺悔，這讓我在受戒時更是戰戰兢兢不敢有所懈怠。

師父更是一再提醒我們：「絕不能戲論、攀緣、要發大心、要回小向大，一有時間就要多做功課回向給眾生，要發大願，發行菩薩道的菩提大願！」

受戒的第一天，一到戒場就讓我起了煩惱！可能是因為山上每次辦活動，報名流程都處理的井然有序，習慣使然，第一天到達戒場時，發現報名的地方不知道在哪裡？住宿的地方也不知道在何處，一切都未標示清楚，人力也不足，現場一片混亂，就讓我感到非常不歡喜，頓時升起了很大的煩惱。直到第二天儀式正式開始時，我才讓自己在法裡沈靜下來，驚覺自己無端升起的無名，並面對自我深深的懺悔。

當自己用最至誠的心，開始懺悔往昔所造諸惡業時，腦海中即一幕幕地閃過過往的畫面，在那樣的情境之下，淚水便無法抑止地嘩然而下。

心中一直有個聲音在吶喊：「為何經常的沒有感恩的心，只知道抱怨？」

「為何沒有服務的心，只要求別人要為我做些什麼？」

「為何心仍不夠柔軟、不夠謙卑？」……

雖然戒場的環境很簡陋，但在那一個月當中卻過得非常清安，印象最深刻的是最後一天告假前，三師和尚一再地提醒我們：「要記得勤修戒、定、慧，息滅貪、瞋、痴。」

受了戒，就是要效仿諸佛菩薩，行菩薩道、學習菩薩千處祈求千處應的精神。出家人勤修戒定慧，息滅貪瞋痴，這句話我一直謹記在心，時時地惕礪自己，直到成佛。

17

超級無敵宇宙青年

希望全世界的人都能拉近彼此的距離，
沒有隔閡、沒有障礙、沒有分別的。
——法明師

　　我念的是佛教學校的幼保科，之前已在社會上工作過，因此難免染上一些習氣，不過在學校的兩年，自己淨化不少，我覺得應該是在那兩年，種下比較深的種籽。後來到了「世界宗教博物館」工作，才開始跟佛法有更深的接觸，但是屬於佛法裡更深奧的體會就沒有了，那是從出家之後才開始重新學起的。

十二因緣

　　對於我的出家，最重要的影響，是在寒假參加禪修營的活動，聽了一堂「十二因緣」這堂課讓我覺得輪迴是一種苦，因而去思考很多問題，上了這堂課之後才知道，啊！原來我過去思考的生、死、人世的離合悲歡，找不到的答案全都在十二因緣的大圖之中。

　　我的個性比較活潑，因此當有法師找我到「世界宗教博物館」擔任活動助理時，我覺得博物館的工作好像也滿有趣的，就一口答應，決定試試看。

　　八月四日進宗博，八月九日，幾位和我一同參加禪修營的幹部竟出家了，一下子朋友們都出家了，內心著實地跟著起了一些變化。到了十月、十一月，很奇怪的，有一個念頭慢慢萌生。

　　有一天，我突然跑到菩薩面前發願：「如果這一世有出家的因緣，希望菩薩能加持，讓我走上這條出家的路。」

　　可是，心裡的另一個聲音又告訴我：「啊！你是不可能的，百分之九十是不會出家的。」

　　後來的三個月，我隨身攜帶〈普門品〉一有空就唸經，只要坐公車或等人，一定把〈普門品〉拿出來念，回向——今生能夠出家。

　　只是經唸完，一闔起經本後，還是過著吃喝玩樂的生活。

　　這段期間我一有空就回山當志工，另一方面也看看自己的朋友。隔年一月，覺得該是自己的因緣到了，就開始整理自己的心情，準備出家。

出嫁 出家

學校畢業後，媽媽雖然不會逼我，但是只要家裡有聚會，其他親戚就覺得我應該要趕快結婚，好讓他們抱孫子。對我而言，結婚不是我要走的路，所以，心裡開始會比較出家與出嫁那一條路對我比較好。看著周遭的親友，出嫁後有好多煩惱，要背負很多壓力和責任，生活並不是自己能控制的。相較之下出家的那種清淨生活與內在清涼的感覺…嗯！我決定選擇出家。

出家前我只碰過一部經──〈普門品〉甚至連《慈悲三昧水懺法》都不會唸，因為唸了就想打瞌睡，其它經典就更不用說了，因為我是一個很活潑的人，所以當時我也很懷疑自己到底能不能適應出家的生活。

當時我問過一位法師：「像我這樣愛玩，白天出門工作，晚上也不在家，靜不住，出家有很多戒律啊！我怎麼可能受得了呢？我會不會不合適出家？」

法師告訴我：「出家之後，認識了什麼是戒律，什麼該做、什麼不該做，當你懂了，瞭解了，戒律就不是圍籬了，你可以突破這些藩籬，而且感到比在家更自由自在。」

我聽了那番話相信了：「嗯，應該是這樣子。」

而我就這樣子做了決定，什麼也不再多想。

我的決定很乾脆，就是：「好，那就這樣子。」不再去思考其他的問題了，跟家人過完年，我回到山上，家人也隱約感覺到，過了這個年，我就不會再回來了。很快的，頭就剃了，就出家了！

慶幸自己出家

出家後，家裡當然還是會不捨，但，如果我選擇的路對自己是好的，媽媽就會尊重我，基本上不會反對。原因是媽媽的婚姻並不圓滿。所以，不管阿媽怎麼催我結婚，媽是不會催我的。我自己也嘗試了一些些感情的經驗，發現那種隨著感情間的牽扯而浮動的心情，讓人很疲累。

我想：「年紀漸長，就算事業有成、家庭幸福，之後呢？」

人終究要面對死亡。真的到那個時候又能帶走什麼？陪在旁的不過是眾多親朋好友難捨的淚水，我可以看得開嗎？出生、成長、結婚、年老、死亡、再下一世的出生，如果真有輪迴的話，這樣的生活不斷的循環下去，我已經過了好幾、好幾世了，我要繼續過這樣的生活嗎？想得越多心裡就越恐懼，這更加堅定這輩子要出家修行的決心。

從決定出家到現在，很慶幸沒有走上另外一條路。出家雖然有很多顛簸，度過障礙之後，是更上一層樓，視野、心境更是越來越寬廣。回頭看這紅塵的一切，就覺得出家的清淨真的是很好。

出家，它有煩惱也有痛苦，可是它是屬於內在自我解脫的一種成長和進步。

工作即修行

出家前我在工作，出家後還是在工作。

剛開始覺得：「我只不過把頭剃了，做的事怎麼還是跟以前一樣？」

而且出家之後還要處處顧慮到出家人的威儀。尚未出家前，怎麼樣都方便，出家後，都不行了，舉足動步好像都被綁住了。一直搞不清楚為什麼，又該怎麼去調。

師父告訴我：「工作就是修行。」

我開始自己學著做自我的觀照，從在意外相，到用心看待這些事項。才知道，煩惱都是從心而來。這才領受到師父教的法是很生活的。每次碰到障礙轉不過來時，就看看師父的書或是乖乖地做功

課。自覺性要很高,時時刻刻觀看自己的言行舉止是不是都在法上面,從外在一直到內在,從粗到細的一個觀照。

舉個例子來說,當有人把我罵得很難過時,我就往內心看去,發現原來那是因為我的慢心,因為我好面子,顧不得別人如此罵我,所以才會反應這麼強烈,才知道原來是心在作祟,然後很認份地告訴自己:「不可以,要懺悔。」

隨時觀照自己,在放逸的環境裡,心是不是也跟著環境放逸了。經過了這幾年,覺得自己開始慢慢地知道,師父所講的「工作即修行」是什麼意思,那種心念上的觀照,心念若在法上,那就是修行,如果心不在法上,就不是修行了。之後遇到障礙時,我就懂得用法來消融它,這是一種自我訓練。

地球家

我的工作,從出家開始就和青年相關,我們成立一個「世界宗教青年聯盟」。來參加的青年朋友們,有信奉天主教、基督教、還有沒有任何宗教信仰的年輕人,當然也有佛教徒。「世界宗教青年聯盟」是要傳承師父在推動世界和平的一個願力。

師父說:「未來時代的戰爭,會是從宗教跟宗教間的衝突中引起的,所以宗教之間應該常常彼此交流、瞭解與包容。」

　　我們在創立這個團體的過程中，我以一個佛教法師的身份與不同信仰的青年認識並進行交流。從自身的信仰分享出生命的體驗與實踐，彼此交流與互動，共同認識生命的本質進而奉獻生命。

　　我們透過讀書會和舉辦各種活動，讓年輕人更能瞭解到不同的宗教族群與生命的面向。這個時代的年輕人，很多是沒有宗教信仰的，但是卻具有一些潛在的靈性思維特質，我們希望能引導青年在生活中透過信仰或靈性思惟來面對自身的生命與生活。從減少自身的衝突或紛爭來達到內心和平，自己的內心和平了，世界也就和平了。

　　幾年前我們辦了一個營隊，活動內容介紹很多宗教。上了一堂伊斯蘭教的課程之後，同學們對於伊斯蘭教非常有興趣，於是就請台北清真寺的馬孝祺教長，帶領我們體驗清真寺朝禮。因為女生的服裝不適合（需帶頭巾）只有男生能做朝禮。有一個男孩子因為不同的信仰，從活動一開始就不太能夠融入。剛開始他只願意站在一旁觀看，到了活動快結束前的晚會節目，他突破性地扮演了另一個宗教的角色，融入團體中。我想這對他來說，已經打破了內心的隔閡。

　　後來他就經常參加宗青盟的活動，有一次活動結束後他來到山上，遇見了恆明法師，他常看哲學的書，喜歡用邏輯思考許多事物，跟恆明師兩人都是學電子的。他提出了很多的問題。

　　恆明師告訴他：「人生有很多的問題無法依靠邏輯來思考。」接著便一一地將他的問題破解，後來，他居然請了一本《釋迦牟尼佛傳》再去大殿請一本《六合經》回去看。

　　宗教，是一種在精神信仰上可以依止的力量。不同的信仰是可以去認識、去親近的。每個人有每個人不同的生活方式，在宗青盟裡，我們分享各個宗教的信仰生活，就像交朋友一樣，很自然的打破彼此的隔閡。我們希望全世界的人都能拉近彼此的距離，沒有隔閡、沒有障礙、沒有分別的。

Memo

Memo

25歲，我不在家

撰文·責任編輯／林罘蕙
插畫／谷曉茵
封面·美術設計／巫麗雪

法律顧問／永然聯合法律事務所

發行者／靈鷲山教育理事會
出版者／財團法人靈鷲山般若文教基金會
地　址／234 台北縣永和市保生路2號17樓

郵政劃撥帳戶／
財團法人靈鷲山般若文教基金會附設出版社
郵政劃撥帳號／**18887793**
電話／(02)2232-1008
傳真／(02)22321010

印刷／豐華印刷整合有限公司
電話／(02)8228-6798

初版一刷／2005年8月
定價／250 元

＊本書若有缺損，請寄回更換

國家圖書館出版品預行編目資料

25歲，我不在家／林罘蕙撰文.
-- 初版 -- 臺北縣永和市：靈鷲山般若基金
2005〔民94〕面；　公分.
ISBN 957-98894-5-7(平裝)
1. 佛教 - 修持

225.7　　　　　　　　　94013799